널 잃은 슬픔보다
널 만난 기쁨이 크기에

발 행	2022년 11월 11일 초판 발행
지은이	강문순
발행인	이병렬
편 집	편집팀
표 지	이상희
일러스트	현소영
전자책	편집팀
발행처	도서출판 지·민
등 록	2021-000056
주 소	서울시 마포구 양화로 56, 504호(서교동)
전 화	02-322-8317
팩 스	0303-3130-8317
이메일	jmbooks@jmbooks.kr
정 가	16,000원
ISBN	979-11-973902-5-8

Copyright© 강문순, 2022

◎ 이 책은 저작권법에 따라 보호받는 저작물이므로 무단전재와 무단복제를 금지하며, 이 책의 내용을 전부 또는 일부를 이용하려면 저작권자와 『도서출판 지·민』의 서면동의를 받아야 합니다.

◎ 잘못된 책은 구입하신 곳에서 바꾸어 드립니다.

『도서출판 지·민』은 독자 여러분의 아이디어와 원고 투고를 기다립니다. 책으로 만들기를 원하는 콘텐츠가 있으신 분은 이메일을 통해 기획서와 기획의도 그리고 연락처 등을 보내 주시면 됩니다.
『도서출판 지·민』의 문은 독자와 필자의 말씀에 언제나 열려 있습니다.

널 잃은 슬픔보다
널 만난 기쁨이 크기에

강문순 지음

무지개 다리를 건넌 반려견의 투병일기

들어가는 글

고구마를 쪘다. 고구마는 압력밥솥에 쪄야 더 맛있다. 가스레인지 위에 올려둔 압력밥솥에서 김이 모락모락 나더니 집안에 고구마 찌는 냄새가 풍기기 시작했다. 분홍색 마약 방석에 누워 있던 봄이가 냄새를 제일 먼저 맡고 반응을 보였다.

"멍!"

봄이는 냄새가 나는 쪽을 향해 한 번 짖더니 나를 바라보며 두 귀를 쫑긋 세웠다.

"어! 봄아, 냄새나니? 무슨 냄새일까?"

봄이는 빙글빙글 돌며,

"멍멍!"

두 번을 짖는다.

'나 알아요. 내가 제일 좋아하는 고구마 냄새잖아요….'라고 대답하는 것 같았다. 압력밥솥이 딸랑딸랑 소리를 냈다. 그 소리에 한달음에 주방까지 다녀온 봄이가 소파에 앉아 있는 나를 앞발로 툭툭 치며 빨리 달라고 재촉을 했다.

"알았어, 조금만 기다려…."

빨리 먹고 싶은데 꿈쩍도 안 하고 TV만 보고 있는 나에게 봄이는 못 참겠다는 듯 멍멍 짖기 시작했다. 맛있는 고구마 냄새는 풍기는데 주지도 않고 깔깔거리고 앉아 있는 가족들을 보며 주방에서 거실을 몇 번을 왔다 갔다 하더니 이내 화가 난 듯 계속 짖었다. 그런 봄이가 너무 귀여워 미칠 것 같았다.

"하하하…"
"알았어, 먹자 먹어!"

봄이는 벌써 주방 싱크대 앞에까지 가서 일어나는 나를 바라보며, 입꼬리를 귀에까지 걸고 함박웃음을 지었다.

"고구마 먹자!"

압력밥솥 단추를 누르고 김을 빼자 봄이는 빙글빙글 돌며 좋아서 어쩔 줄 몰라 했다. 뚜껑을 열고 며칠 전에 선물 받은 동그란 예쁜 쟁반에 잘 익은 고구마를 담았다. 빙글빙글 돌며 고구마를 기다리는 봄이를 위해서 고구마 하나를 입김으로 후후 불며 얼른 식혔다.

"앗! 뜨거! 뜨거! 뜨거! 후!!!"
고구마를 뚝 자르고 또다시 잘라 봄이가 먹기 좋게 손바닥 위에 올려 놓고 다시 호호 불며 봄이를 봤더니 어느새 침을 질질 흘리고 있었다.

"봄아! 먹어봐!"

손바닥 위에서 알맞게 식힌 고구마를 주려고 봄이의 눈높이에 맞춰 앉으니까 빙글빙글 돌며 기다리던 봄이는 두 발을 내 무릎에 탁하니 올려놓고 고구마를 맛있게 받아먹었다. 내 손바닥에 묻은 것까지 정성스럽게 핥아먹었다. '어쩌면 이렇게 예쁠까?'

"더 달라고? 가서 언니랑 같이 먹자!"

모락모락 김이 나는 고구마 쟁반을 보며 좋아서 어쩔 줄 몰라 콩콩 뛰는 봄이를 보던 딸이 카메라를 들이대며 연신 사진을 찍어댔다.

식구들이 거실에 놓인 탁자에 빙 둘러앉아 뜨거운 고구마를 호호 불며 껍질을 까는데 봄이는 누가 고구마를 줄까 생각하는 듯 예쁘게 앉아 기다리고 있었다.

"자! 봄아, 먹어!"

먹기 좋게 식힌 고구마를 맛도 못 보고, 기다리고 있는 봄이 입에 다시 넣어 줬다. 그제야 나도 크게 한 입 뚝 잘라서 입에 넣었다.

"맛있다, 봄아! 그지?"

봄이는 꼬리를 살랑살랑 흔들며 더 달라고 '멍!'하고 짖었다.

"알았어! 기다려!"

봄이 한입, 나 한입. 번갈아 가며 눈을 맞추고 고구마를 먹는 내내 입가에 미소는 떠나지 않았다.

봄이가 제일 좋아하는 고구마를 찌거나, 굽거나 할 때마다 봄이의 반응을 보는 건 큰 재미다. 축 처져서 만사 귀찮은 듯 늘어져 있는 봄에게,

"봄! 고구마 줄까?"

라고 말하면, 봄이는 귀를 쫑긋 세우고 어느새 생기가 돌았다. 고구마라는 말귀를 알아듣는 것도 신기하고 또 '꼬기'라는 말도 잘 알아들었다.

자식이 음식을 맛있게 먹을 때 엄마는 가장 행복하다. 봄이가 좋아하는 음식을 만들어서 먹이는 행복은 덤이다. 그 행복을 위해 장에 갈 때마다 고구마를 꼭 챙겼다. 쪄서 말린 고구마를 지퍼 백에 넣어두고 외출할 때마다 하나씩 꺼내 주며 봄이의 간식으로 사용했다.

맛있는 간식을 먹고 난 봄이는 설거지를 마치고 자리에 앉은 내게 달려와 엉덩이를 내 허벅지에 붙이고 옆에 찰싹 붙어 앉았다. 자연스럽게 털을 쓰다듬어 주면, 봄이는 몸을 돌려 젖꼭지가 훤히 보이게 배를 드러내며 앞발로 손짓을 했다. 긁어 달라는 신호다. 손끝으로 살살 배를 긁어 주면, 눈을 스르륵 감고 즐기는 봄이를 보는 내내 손목이 살짝 아파도 내 마음은 춤을 추었다. 졸고 있는 봄이를 끌어당겨 팔베개해주며 나도 소파에 누웠다. 봄이의 따뜻한 체온이 포근하게 다가와 단잠을 불렀다.

나는 개 엄마다. 봄이 엄마다. 봄이는 세상에서 제일 예쁜 우리 가족의 막내인 강아지다. 어쩌면 이렇게 예쁘고 똑똑한 아이가 내게 왔는지… 사람에게서는 못 느끼는 기쁨을 강아지한테 느꼈다. 나뿐만 아니라 아이들의 표정도 밝아졌다. 강아지 때문에 마냥 즐거워하는 나를 바라보는 남편의 마음도 행복이었다.

벚꽃이 활짝 피는 봄이 왔다.
우리 집에 하얀 강아지 '봄'이 왔다.
덕분에 내 마음은 항상 봄이었다.

소중한 나의 반려견 '봄' 이야기….
이제 시작해 볼까 한다.

반려견 봄이 엄마,
강문순

목 차

들어가는 글   4

하나, 우리 집에 봄이 왔어요

도대체 왜 개를 키우는 거야?   14
누군가 필요했다   19
그렇게 '봄'이를 만나다   24
우리 집에 봄이 왔다   30
'똥' 먹는 강아지   35
첫 산책   39
'반품(?)'해 주세요   45
봄이가 가장 싫어하는 일   50

둘, 막내딸 '봄'이를 소개합니다

새로운 하루, 새로운 일상이 시작되다   56
양말 벗겨주는 '봄'이   61

말썽쟁이 '봄'이의 큰 한 방	66
그래, 너 내 딸 해라	71
말썽꾸러기 '봄'이는 천재?	76
'봄'이 없이는 못살아	81
'봄'이는 사랑의 메신저	86
사랑 덩어리 '봄'이	91

셋, 행복한 시간도 잠시

'봄'아! 너 왜 그래	96
'IMHA'입니다	101
봄아! 엄마 믿지!	107
'안락사'는 도저히 못하겠어	113
'기적'이 찾아왔다	118
막내 '봄'이를 위하여	124
'후유증'과 '완치'	128
소중한 내 새끼, 내 막내딸	133

넷, 또다시 찾아온 어둠

이상한 느낌	140
에반스 신드롬	145
'돈'보다는 '가치'	150
치료의 끝	156
무지개다리를 건너다	162
너는 내 곁에 없다	170
마약 방석	176
언제나 그리운 '봄'	181

다섯, 널 잃은 슬픔보다 널 만난 기쁨이 크기에

펫 로스 증후군 극복하기	188
'봄'이의 병증	192

마치면서, '봄'이에게   195

하나,

우리 집에
봄이 왔어요

도대체
왜 개를 키우는 거야?

개를 싫어했다. 무섭고, 더럽고, 냄새나고, 만졌을 때 그 느낌이 징그럽게도 싫었다.

초등학교 1학년 때, 집으로 가는 길목에는 털이 하얀 덩치 큰 개 한 마리가 앉아 있었다. 묶여 있긴 했지만, 금방이라도 목줄을 끊고 달려들 것만 같았다. 학교 마치고 집으로 돌아가는 길, 나는 매일 두려움에 떨어야 했다.

어느 날엔가 그 개가 보이지 않았다. '휴! 다행이다.' 마음을 푹 놓고 개가 있던 집 앞을 지나가는데 어디선가 갑자기 개가 튀어나왔다.

"엄마야! 아….'

튀어 나온 개에 놀라 기겁하고 달렸지만, 순식간에 달려든 개가 내 다리를 물었다.

"아아아악!!!"

비명 소리를 듣고 달려 나온 개 주인 덕분에 더 큰 상처는 나지 않았지만, 그때 그 일만 생각하면 지금도 심장이 멎는 듯하다. 그때부터는 크기와 상관없이 개라면 질색했다.

친구네 집에 놀러 갔더니 작은 강아지가 꼬리를 흔들며 다가왔다.

"어머머! 얘 안 물어?"
"괜찮아 안 물어!"

뒤로 몇 걸음 물러서며 몸이 굳어 버렸다. 친구는 내 손을 잡고 대문 안으로 나를 이끌었다. 대충 엉덩이를 마루에 걸치고 앉았는데 졸졸 따라온 강아지가 나를 보며 짖었다. 얼른 신발을 벗고 친구 방으로 쏜살같이 들어갔다.

개한테 한 번 물리고 난 후부터는 동물이라면 몸서리 치게 되었고, 강아지를 키우는 친구 집에 또다시 못 가는 이유가 되었다.

서울에 살다가 일산으로 이사를 했다. 집주인은 도사견을 키웠다. 하필이면 화장실 옆이 도사견들 수십 마리가 먹고 자는 '개장'이었다. 화장실을 가려면 그곳을 지나가야 했다. 지독하게 더러운 냄새가 많이 났다. 침을 질질 흘리며 노려보는 도사견들이 너무 무서웠다. 짖는 소리는 또 얼마나 큰지, 화장실에 갈때면 늘 뛰어다녔다. 도사견에게 물려서 사람이 죽었다는 얘기를 들어서인지 더 무서웠다. 도대체 왜 화장실 옆에서 개를 키우는 건지, 화장실에 갈 때마다 그 순간은 공포의 순간이었다.

　동네 어귀에는 보신탕집이 있었다. 학교 다니는 길이라 항상 그 집 앞을 지나가야 하는데, 근처에 가지 않아도 개털을 태우는 냄새를 맡을 수 있었다. 냄새가 유난히 심한 날이면 검게 그을려 죽어 있는 개를 보게 되었다. 더 충격적인 일도 있었다. 학교를 마치고 돌아오는 길에 보신탕집 주인이 동네 아저씨들과 함께 개 한 마리를 나무에 매달아 죽이는 장면을 본 것이다. 나무에 매달려 몸부림치며 죽어가는 도사견의 모습은 이 나이 먹도록 머릿속에서 지워지지 않는다. 개를 싫어했지만, 나무에 매달려 죽어가는 개는 너무 불쌍했다.

　어린 딸이 개를 그토록 싫어하는 줄도 모르고, 아빠는 어느 날 장에서 털이 보슬보슬한 검정 강아지 한 마리를 사 오셨다. 강아지를 지극 정성으로 키우는 아빠는 엄마가 밥을 하면 뜨끈한 밥을 한 주걱 떠서 강아지 밥그릇에 담아주었다. 그뿐 아니었다. 고깃국을 끓여도 강아지부터 챙겼다. 자주 먹기 힘든 소고깃국이었다. 맛있는 것이 생기면 가족보다는 강아지를 먼저 챙기는 아빠를 보면서, 어린 마음에 화가 나기도 했다. 엄마도 그런 아빠의 행동을 못마땅하게 여겼다. 쌀값도 비싼데 찬밥도 아닌 새로 지은 밥을 준다며 아빠한테 소리를 지르기도 했다. 아빠는 아랑곳하지 않았고, 엄마가 잔소리할 때마다 보란 듯이 소고기뭇국 한 냄비를 개밥그릇에 쏟아부었다. 나는 개만도 못한 딸인 것 같았다.

　아빠는 키우던 강아지가 새끼를 낳을 때마다 장에 내다 파시고, 아빠의 소소한 술값을 해결하고 있었다. 그런데 어느 날부터인가 강아지가 마당을 파기 시작했다. 엄마는 개가 마당을 파면 재수가 없다고 질색하셨다. 며칠 후 엄마가 큰 병에 걸렸다. 나는 엄마의 말을 생각하며 강아지가 마당을 파서 그렇다고 여겼다. 마당을 파고 있는 강아지를 볼때면 발길로 차버리고 싶은 마음이었다. 엄마를 아프게 한 강아지가 원망스러웠다.

어린 시절 느꼈던 개에 대한 두려움과 더러운 냄새, 아빠에 대한 미움이 뒤엉켜 어른이 되어서도 강아지를 키운다는 것은 내게 있을 수 없는 일이었다. 주변에 개를 키우는 사람들의 마음을 이해할 수가 없었다. 돈 많은 사람들이 할 일이 없어서 하는 짓이라고 생각했다. 공원을 산책할 때면, 강아지 데리고 다니는 사람들이 너무 싫었다. 무섭기도 했지만, 아무 데나 똥오줌 싸는 것도 꼴 보기 싫었다. 개에게 물린 기억이 되살아나서 목줄을 풀어놓은 채 다니는 모습에는 화가 났다. 강아지를 포대기에 둘러 엎고 다니는 아줌마도 있었다. 내게는 어이없는 광경이었다.

고양이는 더 싫었다. 예전에 인기 있었던 『전설의 고향』이라는 TV 프로그램에는 귀신이 등장할 때마다 고양이가 자주 나왔다. 피가 묻은 고양이와 입가에 피가 묻은 귀신의 얼굴은 무서운 기억으로 내게 남아 고양이가 싫기보다는 무서웠다. 그 때문에 고양이를 보면 귀신이 생각이 났다. 컴컴한 밤, 마치 아기의 울음소리처럼 들리는 고양이 울음소리는 온몸에 소름을 돋게 만드는 기분 나쁜 소리였다. 어둠 속에 반짝이는 고양이 눈을 보면 등골이 오싹했다.

외할머니댁에서 키우던 고양이 한 마리가 있었다. 가끔 쥐를 물고 들어와 앞마당에 보란 듯이 놓았다. 아침에 일어나 죽어 있는 커다란 쥐를 보는 징그러운 장면은 식구들 모두 반갑지 않았다. 그 쥐를 치우며 고양이를 원망하던 외숙모의 투덜거리는 모습은 오래도록 기억에 남아 있다.

'얼마나 치우기 싫었을까?' 아무튼 나는 개와 고양이를 비롯해 동물이라면 아주 신물을 토할 정도였다.

내게 누군가가 필요하다는 생각을 간절하게 하기 전까지는….

누군가 필요했다

    20년 가까운 동안 한 직장을 다녔다. 큰아이가 고3이 되면서 퇴직했다. 직장을 그만두고 그동안 못했던 엄마 노릇을 제대로 하고 싶었다. 직장을 다니는 동안 아침에 회의가 있는 날이면 밥이랑 국만 끓여놓고 애들 일어나는 것도 보지 못하고 달려 나갈 때가 많았다. 아이들의 학원 일정을 빡빡하게 짜놓은 탓에 퇴근할 때까지 학원을 돌며 엄마를 기다렸던 아이들을 위해 무언가 잘해 줄 수 있을 것 같아 행복한 모습을 상상하며 즐거웠다.

    고3 엄마. 뭘 어떻게 해야 하는지 몰랐다. 그냥 무조건 여느 엄마들처럼 나도 열성 엄마가 되어 보자 마음먹었다. 사무적인 어투로 성적표를 보며 아이의 마음을 다치게 하는 말을 일삼았다. 일류대학에 가고 싶어 하는 아들에게 '뱁새가 황새 쫓아가면 가랑이 찢어진다'라는 말도 안 되는 옛말을 들썩이며 아이의 마음을 쑤셔댔다. 그럴만한 이유가 있었다. 해외 근무를 하는 남편 때문이었다. 해외까지 가서 열심히 일하는 남편에게 번듯하게 좋은 대학에 다니는 우리 아이들의 모습을 보여 주고 싶었다.

내 자존심도 지키고 싶었다. 친구들처럼 나도, 내 아이를 일류대학에 보내고 싶어 과외공부도 시키며 극성을 부렸다. 직장 다니느라 신경 써 주지 못했던 것들을 다해주고 싶었다. 아침엔 학교 앞까지 데려다주고, 자율학습하고 밤 12시가 다 되어 돌아오는 아이를 위해 소파에서 잠시 졸다가 시간이 되면 데리러 자동차를 몰았다. 온통 아이들에게 집중하는 시간이었다. 그렇게 하면 우리 아이가 일류대학에 거뜬히 들어갈 거라 착각했다. 날마다 울었다. 어느 날은 내가 울고 어느 날은 아이가 울었다. 그러던 어느 날, 방바닥에 떨어지는 아들의 눈물방울 소리가 어찌나 큰지, 깜짝 놀랐다. 정신이 번쩍 들었다. 그러잖아도 고민 많은 아이에게 못 할 말을 하면서 아이를 힘들게 하고 있었다. 그때를 생각하면 아들에게 미안하고 또 미안하다. 방바닥에 떨어졌던 아들의 눈물방울 소리를 지금도 잊지 못하고 있다.

엄마가 퇴직하고 지나치게 잔소리가 많아지자 아이들의 표정은 점점 어두워졌다. 학교 갔다 오면 각자 방에 들어가서 나올 줄을 몰랐다. 닫힌 방문은 곧 아이들의 마음이었다. 아이들에게서 성취감을 느끼려 하는 오류를 범하고 있었기 때문이다. 점점 외로워지기 시작했다. 세상에 혼자라는 느낌은 아이들을 향한 과한 욕심이 빚어낸 결과였다. 잘 다니던 직장을 퇴직한 걸 후회 하면서 우울증에 빠져들었다. 소파에 누워 온종일 TV와 씨름을 했다. 방송 3사 모든 드라마를 섭렵하며 멍때리는 시간으로 하루하루를 보냈다. 자꾸만 마음이 작아졌다.

내게 누군가 필요했다. 아이들의 닫힌 마음을 열어주고 온통 아이들에게 집중하고 있는 내 마음을 다른 곳으로 돌릴 수 있는 그 무언가가 절실하게 필요할 때였다.

"엄마, 강아지…"

딸이 심심하면 한 번씩 강아지 타령을 했다. 강아지에 관해서는 대꾸도 하기 싫었다. 신경 써야 할 것이 한두 개가 아닐 텐데…. 똥 싸고 오줌 싸고 그걸 어떻게 감당하려 하는지 철없는 딸이 자꾸 보채는 게 힘들었다.

강아지를 키운다는 건 나에겐 사치라고 생각했다. 부자들이나 연예인들이 집에서 강아지를 키우는 것을 자주 봤기 때문이다. 무엇보다 돈이 많이 들 것 같았다. 강아지 사룟값, 간식값, 옷값, 병원비까지 만만치 않은 돈이 들어갈 것이 뻔했다.

오래전에 남편 회사 사장님이 해외여행 간다고 말티즈 강아지를 우리 집에 맡겼던 일이 있었다. 아침마다 식구들 일어날 시간이 되면 방문을 긁으며 일어나라고 신호를 보내던 똑똑한 강아지였다. 어느날, 어머니께서 산책 시키려고 데리고 나갔는데, 집 앞에서 커다란 대형견에 물려 목덜미에 큰 상처를 입었다. 남의 집 강아지가 다쳤으니 걱정이 태산이었다. 치료를 위해 동물병원 갈 때마다 병원비가 어마어마하게 많이 들었다. 반려견을 키운 다는 건 보통 일이 아니라는 걸 그때 알았다. 딸아이가 아무리 얘기해도 꿈쩍하고 싶지 않은 이유였다.

"아빠, 강아지…"
"강아지?"

딸아이는 휴가 중인 아빠를 공략했다. 어릴 적부터 강아지를 많이 키워본 남편이 내 눈치를 봤다. 내가 동물을 무척 싫어한다는 걸 누구보다 잘 아는 사람이었다. 딸아이가 따지듯 물었다.

"엄마! 퇴직하면 강아지 사준다며?"

어릴 적부터 강아지 타령을 하도 해서 직장을 관두면 기르자고 타일렀던 것이다. 식구들이 다 나가고 없는 집에 강아지를 혼자 두면 외로워서 안 된다는 그럴듯한 핑계를 댔었다. 딸에게 더는 할 말이 없었다. 순간을 모면하기 위해 어린아이와의 맘에 없는 약속이었다. 아빠도 키우고 싶어 한다는 걸 눈치챈 딸아이는 본격적으로 보채기 시작했다. 모른 척하고 싶었지만, 약속을 지키지 않는 엄마는 되고 싶지 않아서 고민이 되었다.

아이들이 유치원 다닐 때 잠깐 동안 키우던 강아지 생각이 났다. 이름은 '백구'. 진돗개였다. 아들이 무척 예뻐하며 유치원에 다녀오면 '백구'부터 살폈다. 아파트에서 진돗개를 키우는 건 무리여서 잠시 키우다 시골 친척 집에 데려다주었다. 그 집에 갈 때마다 식구들을 기억하고 꼬리치며 반기던 '백구' 같은 강아지가 사춘기 딸과 고3 병을 앓고 있는 아들에게 도움이 된다면, 강아지를 싫어하는 마음을 내려놓아야 할 이유는 충분했다.

마음이 흔들렸다.

가족 모두에게 누군가 필요한 시기였다.

그렇게 '봄'이를 만나다

딸은 엄마가 퇴직하면 강아지 키우게 해준다고 약속했던 일을 들먹이며 계속 나를 압박했다. 순간을 모면하기 위해 던진 말에 대한 책임이 크게 다가왔다.

'내가 왜 겁도 없이 그런 말을 했던가?'

후회막심했다.

딸아이는 유기견을 데려다 키우자는 제안을 했다. 덩치 큰 강아지는 너무 무서워 키울 자신이 없었고, 유기견을 데려다가 키울 자신은 더더욱 없었다. 많이 고민했다. 똥, 오줌 가리는 걸 어떻게 훈련할 수 있을지 막막했고, 키우다가 아프기라도 하면 어떻게 할지 그리고 사료비와 간식비 등 아이 하나 키우는 거랑 같을 텐데…. 경제적인 문제까지 부담으로 다가왔다. 아무리 생각해도 강아지를 키우는 건 나에게 사치라는 생각이 들었다.

과거 친정 아빠가 오랜 기간 지병을 앓을 때부터 엄마는 직장을 다니셨다. 뻔한 가정형편 속에 어렵게 자란터라 강아지에게 들어가는 돈이 아까웠다.

물러서질 않고 계속 강아지 타령하는 딸에게 결국은 마음이 흔들렸다.

"만약에, 강아지를 키운다면 새끼강아지를 데려다가 아기 때부터 키우고 싶어. 그래야 가족이 되지! 이왕이면 털이 복슬복슬한 하얀 강아지."
"하얀 강아지?"
"응. 괜히 키우다가 버리는 일은 절대 하면 안 되니깐, 엄마가 마음의 준비를 할 시간을 조금만 더 줘."

퇴직 후 찾아온 우울증과 아이들과의 갈등 속에 나의 정체성을 잃어버리고 방황하던 때라서 강아지까지 귀찮게 할 것 같아 결정하기 힘들었다.

해외근무 하는 남편이 4개월 만인 어느 봄날에 휴가를 왔다. 딸아이와 함께 이태원 쪽으로 맛있는 음식을 먹으러 갔다. 주말이라 그런지, 주차할 곳을 찾지 못해 도로에서 시간을 다 버리고 차를 돌려야만 했다. 을지로를 지나 충무로 거리를 달리다 보니 애견샵들이 눈에 띄었다.

"여기 온 김에 강아지 구경 한번 하고 갈까?"

아직 난 마음의 준비가 안 되었는데, 남편이 구경만 해보고 가자고 제안을 했다. 이태원에서 맛있는 음식을 못 먹어 섭섭해하는 딸아이를 달래기 위한 제안이었다.

'까짓것 구경쯤이야! 얼마든지 할 수 있지!'

가벼운 마음으로 첫 번째 애견샵에 들어섰다. 작고 귀여운 강아지들이 칸 칸을 차지하고 주인을 기다리고 있었다. 모두가 태어난 지 보름 정도 된 강아지들이라고 했다. 강아지들이 얼마나 귀엽고 예쁜지, 아기강아지들을 보는 순간 엄마 미소가 만개했다. 그중에 유난히 털이 보슬보슬하고 눈, 코, 입이 까만 하얀 강아지가 눈에 띄었다.

"어머!! 얘 정말 예쁘다!"

나도 모르게 내 입에서 나온 소리였다.

애견샵 사장은 곧바로 강아지를 안아 올려서 내 앞에 데려와 주었다. 만지지도 못하는 나를 보며 강아지가 예쁘게 미소 지었다. 이렇게 표현하면 남들이 믿을지 모르겠지만, 강아지의 미소가 남편을 닮았다고 생각했다. 딸아이도 너무 예쁘다고 좋아했다.

애써서 그 강아지를 제자리에 놓아두고 다른 강아지들을 살펴보았다.

'오늘은 구경만 하는 거야!'

마인드 컨트롤이 필요했다. 그렇게 강아지 키우기 싫다고 우겨

대던 엄마의 자존심을 지키고 싶었다. 예쁜 강아지들을 보니깐 마음이 더 흔들렸기 때문이다.

두 번째 애견샵을 방문했다. 비슷비슷한 강아지들이 많았다. 예쁘고 귀여운 강아지들을 보는 동안 어떤 강아지가 제일 예쁜지, 내 마음을 알 수가 없었다. 마음이 약해지고 있었다. 다른 강아지를 보면 볼수록 자꾸만 강아지 한 마리가 머릿속에서 떠나질 않았다. 첫 번째 방문했던 곳에서 보았던 남편을 닮은 그 하얀 강아지였다. 하얀 털보송이에 까만 콩 세게 박아 놓은 듯 귀여운 곰 인형 같은 강아지가 눈에 아른거렸다.

"이왕 키울 거면, 아까 그 강아지 어때?"

맘을 지키지 못하고 무너져 버렸다. 강아지 절대 키우지 않을 것 같은 나의 고집이 사라지고 마음이 돌아선 것이다. 사실 나도 믿기지 않는 일이었다. 첫눈에 반하면 이렇게 되는 걸까? 사람과의 인연뿐만 아니라 동물과의 만남에서도 이렇게 될 수 있는 줄은 정말 몰랐다. 그렇게 첫눈에 반한 하얀 강아지를 선택했다. 남편과 딸아이도 그 강아지에 대한 생각이 같았다. 신기한 일이었다. 인연이었다. 다시 첫 번째 애견샵으로 되돌아 갔다. 아무리 둘러봐도 그 하얀 강아지만 눈에 들어왔다. 가족으로 입양할 내 아이라고 생각하니 더 사랑스럽게 다가왔다.

'너라면 내가 한번 키워 볼께!'

기다렸다는 듯 그새 작은 강아지가 우리 가족을 알아보고 두 다리로 일어서 발버둥을 치며 꺼내 달라고 애원하고 있었다.

"이 강아지 주세요."

반색하며 다가온 사장님이 강아지를 내 품에 안겨 주었다. 살아있는 인형 하나를 품에 안은 것 같은 느낌이 들었다. 나도 모르게 입가에 번지는 미소를 감출 수가 없었다. 나를 바라보는 남편도, 딸도 모두가 함박웃음으로 행복해했다.

나이 : 생후 한달 반
견종 : 재패니즈 스피츠
성별 : 암컷

그렇게 어느 봄날 하얀 강아지는 가족이 되었다.

강아지를 조심스럽게 안고 곧바로 강아지 용품 가게를 찾았다. 사료도 사고, 간식도 사고. 물병, 밥통, 배변 판, 장난감 그리고 아기강아지를 집안에서 안전하게 보호해줄 애견 펜스까지 강아지 용품이 한 보따리였다. 가격이 만만치 않게 나왔다. 손에 든 영수증을 보면서 앞으로 강아지를 키울 일들이 걱정되기 시작했다. 슬쩍 딸의 얼굴을 보니 너무 행복해 보였다. 아기강아지를 안고 있는 딸의 표정이 세상을 다 가진 듯 환한 얼굴이었다.

'그래! 저렇게 좋아하는데, 잘 키워보자!'

    자동차에 애견용품들을 가득 싣고 강아지를 데리고 집으로 오는 길에 얌전하게 앉아 있는 강아지가 어디 아픈 강아지는 아닐지 괜한 걱정이 되기도 했다. 기쁨 반. 걱정 반. 교차하는 감정을 안고 집에 도착했다. 거실에 내려놓으니 하얀 솜 방울이 굴러다니는 듯 귀엽고 예뻤다.
    그렇게 우리 가족은 아기강아지 '봄'이를 만났다.

우리 집에 봄이 왔다

첫눈에 반한 하얀 강아지를 데려왔다. 딸아이는 쉴 새 없이 강아지의 머리를 쓰다듬으며 눈을 마주했다. 남편은 행복해하는 딸아이를 물끄러미 바라보며 함박웃음을 짓고 이야기 했다.

"새 식구가 들어왔네. 집안이 환해진 것 같다.
좋겠다! 너 이제 동생 생겼네!"

대소변을 가릴 때까지 적당한 울타리가 필요했기에 펜스를 조립해 식탁 옆에 두었다. 저녁 늦게, 고등학교 3학년인 아들이 학교 수업을 마치고 돌아왔다.

"아들! 이것 봐라. 이게 뭔지 알겠니?"
"어? 이게 뭐야? 우와아아아아아!"

학업 스트레스로 지쳐 있던 아들이 환하게 웃던 날. 그날, 아들의 표정을 아직도 잊을 수 없다. 늘 시무룩해 보이던 아이들이 환하게 웃는 모습을 보게 해준 강아지에게 너무나 고마웠다.

'아이들이 이렇게 좋아하는데 그래 한번 잘 키워보자!'

다짐했던 순간이었다.

"엄마! 강아지 싫어하잖아? 대박!"

강아지 키우는 걸 절대 반대했던 터라 아들은 상상도 안 했다고 했다. 마음을 접고, 강아지를 받아들이고 나니 온 집안이 환해지고 가족들의 웃음소리가 들리기 시작했다. 집안에 생기가 돌았다.

"강아지 이름을 뭐로 지을까?"

우리 가족은 모처럼 가족회의를 했다. '흰둥이', '꼬맹이', '노미', '쎄리' 등 각자 생각나는 이름들을 얘기했다.

"'봄' 어때? 지금이 봄이기도 하고, 봄."

마음에 딱 생각하던 이름을 남편이 말을 해서 깜짝 놀랐다. 이심전심 우리는 부부였다.

'봄'이라는 의미는 우리에게 희망이었고 추운 계절에 다가오는 따뜻함이었다. 공부하라고 스트레스를 줬던 엄마를 용서해 달라는 화해의 의미이기도 했다.

하나, 우리 집에 봄이 왔어요

하얀 강아지는 우리 집 반려견 '봄'으로 이름이 정해졌고, 다음날 구청에 반려견 등록을 했다. 구청에 등록까지 마치고 나니 정식으로 가족이 하나 늘었다. 하얀 강아지 '봄'이다.

아이들은 학교 갔다가 집에 빨리 오고 싶어 했다. 학교 갔다 오면 각자 방 안으로 들어가 문을 닫고 나오지 않던 아이들이 책가방을 던져놓고 한동안 강아지를 데리고 놀았다. 사진도 찍어주고, 이제 한 달도 안 된 강아지를 훈련 시켰다.

"봄아 손!"
"앉아!"

얼떨결에 말을 듣는 강아지를 보면서 손뼉을 쳤다. 끊임없는 아이들의 웃음소리로 행복했다.

아이들은 봄이에게 자신의 이름을 익혀주기 위해 수도 없이 불러주었다.

"봄아!! 봄아!!"
"봄! 봄!."
"봄아! 잘했어. 아이고! 예뻐!"

강아지 덕분에 아이들과 나눌 수 있는 이야깃거리가 생겼다. 온종일 강아지랑 있었던 이야기를 해주면 아이들은 엄청나게 행복해하며 봄이를 귀여워했다. 아이들이 이렇게 좋아하니 강아지 데려오느라

돈을 많이 쓴 남편도 뿌듯해했다. 건강하게 잘 자랄 것 같다고 하면서 이것저것 강아지 물건들을 계속 사 주었다.

강아지가 나를 변화 시켰다. 아이들이 어릴 때 똥을 싸면 워낙 비위가 약해서 웩웩거리며 구역질을 하던 내가 강아지 똥을 아무 거리낌 없이 잘 처리 하는 것을 보고 남편이 신기하게 생각했다.

"개 엄마 다 됐네! 하하!"

강아지를 데려오면서 대소변 가리는 훈련을 제일 많이 걱정했었다. 신기하게 봄이는 훈련도 없이 패드에서만 대소변을 싸서 따로 배변훈련을 하지 않았다. 조금 더 커서는 베란다에 배변판을 놓았더니, 봄이는 늘 베란다에 나가서 대소변을 해결하고 들어왔다.

현관 번호를 누르는 소리가 나면 하얀 아기강아지는 두 발로 몸을 세워서 펜스를 잡고, 있는 힘껏 꼬리를 흔들었다. 아기강아지의 격한 환영을 받은 아이들은 누구라 할 것 없이 강아지를 번쩍 안아 무릎에 앉혀놓고 쓰다듬어 주며 뽀뽀 세례를 퍼부었다.

"하하하하! 봄이 잘 지냈어?"

강아지랑 놀 때는 아이들의 목소리가 사랑스럽게 변했다. 봄이도 자기를 예뻐하는 줄 알고 이리 뛰고 저리 뛰며 연신 꼬리를 흔들었다. 장난감을 입에 물고 가져와 던지라고 앞발로 툭툭 치기도 했다.

사춘기를 겪으며 무뚝뚝하다고 여겼던 아이들의 변화는 강아지를 키워보라고 권유하고 싶은 이유 중 하나이다. 강아지가 새 식구가 된 이후로 아이들은 밖에 나가 놀다가도 일찍 들어왔다. 학교 가면서는 봄이에게 다가가,

"잘 다녀올게!"

인사를 하면 봄이는 펜스를 붙잡고 가지 말라 애원하듯 낑낑거리며 슬픈 표정을 지었다. 그런 행동들이 너무 귀여워서 가족 모두가 현관을 나서며 행복한 미소를 지었다. 우리 가족의 눈에서 꿀이 뚝뚝 떨어졌다. 강아지 덕분에 웃음소리로 집안이 밝아졌다. 아이들의 표정뿐만 아니라 마음까지도 밝아져서 모든 것이 감사했다.

우리 집에 화창한 봄이 왔다.

'똥' 먹는 강아지

　새 식구가 들어오면서 시시때때로 강아지를 들여다보는 즐거움이 생겼다. 아기강아지는 면역력이 약해서 혹시 병에 걸릴까 봐 걱정이 많이 되었다. 특히 아기강아지에게 장염은 치명적이라는 소리를 들었던 터라 유난히 강아지 똥에 신경을 많이 썼다. 그러던 어느 날 기막힌 일이 생겼다. 봄이가 똥을 먹고 있는 모습을 보았다. 수시로 강아지 입에 뽀뽀해대는 딸 때문에 심각한 일이었다.

　봄이를 분양받았던 때가 태어난 지 한 달 반 정도 되었을 때였다. 애견 분양샵에서 분양되는 강아지들은 대부분 그때쯤이 가장 예쁘고 귀여워서 분양이 잘되는 황금기라는 소리를 들었다. 봄이가 우리 집에 온 지 얼마 안 되었을 때였으니까, 아마도 생후 2개월 정도 되는 때였을 것이다. 어느 날 봄이가 자기가 싸놓은 똥을 먹고 있어서 깜짝 놀란 것이다.

　'아유! 더러워 죽겠네…. 얘, 똥개 아니야?'
　'실컷 비싼 돈 주고 분양받아 온 강아지가 똥개였다니….'

데리고 온 강아지가 똥개라는 생각에 한숨이 저절로 나왔다.

똥을 못 먹게 하려고 큰 목소리로,

"봄아! 안 돼!!"

소리치며 나름대로 애를 써보았지만, 계속 자신의 똥을 먹는 것을 막을 수가 없었다. 더 이상 지켜볼 수가 없어서 결국 동물병원을 찾았다.

"원장님! 우리 강아지가 자꾸 똥을 먹는데 왜 그런 거죠?"
"강아지들이 아기 때 이런 현상이 많이 일어나는데 똥에서 사료 냄새가 나서 그렇습니다. 사료의 양을 좀 더 늘려주시면 이러다가 괜찮아져요."
"그래요? 강아지가 똥개라서 그런 것이 아니구요?"

강아지에 대한 상식이 전혀 없는 나는 똥을 먹고 사는 견종이 따로 있는 줄 알았다.

"하루에 몇 번 사료를 주시죠?"
"하루 한 번이요."
"네? 아! 너무 적게 주셨는데요!"
"가족들이 좀 뚱뚱한 편이라 강아지만은 날씬하게 키우고 싶어서요."

의사의 입가에 퍼지는 어이없는 미소를 보았다. 눈을 동그랗게 뜨고 표정을 관리하려고 애쓰는 모습에 내가 먼저 크게 웃었다.

"하하하하하하하!"
"생후 2~3개월 된 어린 강아지들은 하루에 네다섯 끼는 먹어야 합니다. 사료가 부족하면 자신의 배설물을 먹으며 영양분을 채우려 하죠. 그런 이유 외에 단순히 호기심으로 먹기도 하는데, 애기들이 장난삼아 냄새를 맡고 맛보다가 습관적으로 굳어지게 되는 경우도 있습니다."
"아아! 네에!"
"아무래도 얘는 자기 똥에서 사료 냄새가 나서 그럴 수 있으니 사료를 충분히 늘려주시고, 어느 정도 배변 훈련이 됐다 싶으시면 자유롭게 뛰어놀게 해주시면 돼요."

한창 성장기인 강아지에게 너무 적은 양의 사료를 준 것이 원인이었다.

생후 2~3개월 된 강아지라서 하루에 네다섯 번은 사료를 줘야 했는데 종이컵 반 정도의 분량을 하루에 한 번 주었다. 강아지 분양샵에서도 분명히 그렇게 들은 것 같았다. 잘못 들은 탓도 있겠지만, 공부도 하지 않고 대충 강아지를 키우려고 했던 나의 불찰이었다. 어릴 적에 집에서 막 키우던 강아지와는 다르다는 것을 잊고 있었다.

하나, 우리 집에 봄이 왔어요

주변에 강아지 키우는 엄마들이 많아서 사료의 양을 얼마나 주는지 물어봤더니 모두가 자율 급식을 하고 있다고 했다. 자율 급식을 하면 강아지들이 음식을 충분히 먹을 수 있기 때문에 음식에 대한 집착이 줄어들고 봄이처럼 똥을 먹는 강아지들에겐 효과적이라고 했다.

아무튼 봄이까지 살찔까 봐 좀 걱정은 됐지만, 스스로 자신이 먹는 양을 조절하길 바라면서 자율 급식으로 바꾸기로 했다.

사료 그릇에 사료를 평상시보다 두 배 이상을 담아 놓고 어떻게 먹나 관찰했더니, 자율 급식 첫날 그 많은 양을 다 먹어 치운 것이다. 배가 빵빵해져서 잘못되는 것은 아닌가 걱정했는데 역시나 사료를 모두 토해냈다. 봄이도 민망한 표정으로 나를 쳐다보았다. 어이가 없어서 웃음이 나왔다. 큰 탈이 나진 않을까? 걱정했지만, 그날 이후로 봄이는 스스로 자신이 먹는 양을 알아서 잘 먹었다.

자율 급식을 시작한 이후로 봄이가 똥을 먹는 증상은 사라졌다. 하지만, 다른 강아지들보다 먹는 양이 많았다. 뚱뚱해져서 나중에 관절에 무리가 올까 걱정이었다. 그래서 펜스를 치우고 자유롭게 활동하며 운동 할 수 있도록 해주었다.

온 집안을 휘젓고 다니는 봄이의 활약으로 거실에는 강아지 장난감도 하나둘 늘어났다. 사람 사는 집 같은 활기가 느껴졌다.

아무튼, 똥인지 사료인지 구분 못 하는 아기강아지, 봄이는 그렇게 나의 애간장을 녹였다.

첫 산책

    살고있는 아파트 뒤에는 아주 좋은 산책길이 있다. 올림픽대로를 따라 쭉 이어진 산책길을 집에서부터 끝까지 갔다 오면 40분 정도 걸리는 거리이다. 그 길은 사계절마다 색다른 풍경을 볼 수 있는 아름다운 길이라서 동네 주민들이 많이 이용하고 있다. 주민들의 건강을 위하여 스트레칭뿐만 아니라 각종 운동기구, 놀이터, 족구장, 농구장 등 다양한 시설이 구비되어 있다. 게다가 자전거를 타고 한강으로 나갈 수 있도록 엘리베이터까지 설치되어 있어서 마음만 먹으면 언제든지 운동 할 수 있는 좋은 곳이다.

    강아지를 입양한 뒤, 딸은 봄이를 데리고 빨리 이곳으로 산책을 나가고 싶어 했다.

    딸은 사람들이 예쁘고 귀여운 강아지를 데리고 산책하는 모습을 보면서 늘 부러워했다. 난 솔직히 강아지를 키우기 전까지는 산책길에서 강아지를 보게 되면 혹시나 하는 생각에 좀 무서웠다. 그래도 가끔 눈길이 가는 강아지들도 있었다. 하얀 복슬강아지다. 그래서 내가 만약 강아지를 키우게 된다면 하얀 털을 가진 복슬강아지를 키우고 싶었고, 원대로 하얀 털이 보슬보슬한 강아지를 키우게 되었다.

하나, 우리 집에 봄이 왔어요

봄이를 데리고 나가고 싶어 안달하는 딸 때문에 예방접종을 하러 병원에 갔다가 의사 선생님께 여쭤보았다.

"선생님, 봄이 데리고 언제쯤 산책을 나갈 수 있을까요?"
"애기가 산책하려면 예방접종을 6회까지는 다 맞혀야 안전합니다. 요즘은 풀밭에서 진드기에 물리는 강아지도 많아서 태어난 지 얼마 안 된 강아지들은 면역력이 어느 정도 생긴 다음에 산책 시키는 것이 아무래도 안전하죠!"
"아하! 그렇군요. 딸이 하도 데리고 산책을 나가고 싶어 해서, 오늘 병원에 가면 꼭 의사 선생님께 여쭤보고 오라는 부탁을 받아서요."
"애기들에게 풀밭 진입은 5차 예방접종을 마친 시기여야 한다지만, 정말 산책을 하고 싶으시면 현재 3차까지 끝났으니깐 강아지를 안고 산책을 하는 것은 괜찮을 것 같아요. 왜냐하면 아기강아지들은 밖에 나가면 이상한 것을 주워 먹을 수가 있어서 조심하셔야 합니다."
"우리 봄이는 똥이랑 사료도 구분못하는 강아지여서 당분간 안고 산책을 해야겠어요. 호호호. 요즘 날씨도 너무 좋고, 꽃도 피고….”

봄이를 안고 밖에 나갈 수 있다는 말씀에 괜시리 나도 기분이 좋았다.

"자! 애기 주사 맞히게 이쪽으로 주세요."

집에선 순둥이였던 아기, 봄이는 병원에서 주사를 맞을 때면 있는 성깔을 다 부렸다. 당시 그 병원에서 까칠하기로 5위 안에 들었던 강아지였다.

화창한 봄날이었다. 우리의 마음도 봄날이었다. 아기강아지, 봄이와 함께 처음 산책을 나가기로 했던 날이기 때문이다. 애견용품샵에서 새로 산 빨간색 옷을 입은 봄이의 모습이 너무 귀엽고 앙증맞았다. 살아 있는 인형이었다.

딸아이가 봄이를 조심스럽게 안았다. 마치 갓난아기를 데리고 처음 외출했을 때의 마음으로 옆에서 동행했다. 딸아이는 행복했고 나도 덩달아 행복했다.

'이 기분이구나! 강아지를 데리고 산책하는 기분이…'

사람들이 자꾸 우리를 쳐다보았다. 인형같이 예쁜 봄이 때문이었다. 보는 이들이 미소를 지으며 지나가고 그들의 시선에 딸과 나의 어깨 뽕도 으쓱했다.

벚꽃이 한창이었다. 봄이에게 벚꽃을 보여 주었다.

"봄아! 이 꽃 이름은 벚꽃이라고 해!"

처음 바깥세상을 바라보는 봄이의 시선이 꽃에 머물렀다. 햇빛도 첫 외출을 하는 봄이를 반기듯 따뜻하게 감싸 안아 주었다. 햇빛에 빛나는 아기강아지, 봄이의 털이 더 하얗게 빛이 났다. 파릇하게 새로 피어나는 연두빛 나무이파리들이 살랑살랑 춤을 추고 바람이 연주하는 반주에 맞춰 노래를 부르는 듯 나무들 사이에서 들리는 소리는 상쾌하게 들렸다.

"봄아! 이 꽃은 개나리야!"

과거 아들과 딸을 데리고 산책 나갔을 때처럼 꽃들의 이름을 알려주며 자꾸 봄이의 이름을 불러주었다.

"한번 내려놔 볼까?"

딸의 말에 봄이를 땅바닥에 내려놓았더니, 작은 강아지의 몸놀림에 지나가는 사람들이 함박웃음을 머금고 지나갔다.

산책 길가 옆, 족구장에서는 동네 친목동호회 모임에서 나온 사람들이 족구를 하며 함성을 지르고 있었다. 호기심 많은 봄이는 무슨 소리인가? 귀를 쫑긋하더니 이내 두 발로 일어서서 화단에 가려진 그곳을 보려고 안간힘을 썼다. 몸의 중심을 잡기 위해서 뒤로 갔다가 앞으로 갔다가 하면서 화단에 심어놓은 나무들 사이로 보이는 사람들을 구경했다. 작은 아기강아지의 행동이 어찌나 귀엽고 재미있는지 지금도 그때 그 순간은 잊을 수 없는 명장면이 되었다. 봄이에겐 모든 것이 새로웠다. 바위도 바람도 꽃도 사람들의 함성도…. 신이 나서

헤헤거리며 뛰어노는 봄이의 혀와 귀 색깔이 빨갛고 예쁘게 빛이 났다. 이번에는 봄이가 비둘기들을 발견했다. 비둘기가 앉아 있는 곳을 향하여 냅다 달려가니까 놀란 비둘기 여러 마리가 하늘로 솟구쳐 올랐다. 솟구치는 비둘기를 바라보며 멍멍 짖었다. 봄이는 비둘기뿐만 아니라 참새들도 눈에 띄면 무섭게 달려들었다. 아마도 같이 놀 수 있는 친구들로 착각을 한 것 같았다.

"어머! 얘 몇 개월이에요? 새들 쫓아다니는 것 보니깐 아직 어린가 봐요?"
"아, 네, 두 달 반 정도 되었어요."

강아지를 데리고 산책하며 지나가던 주민이 천방지축 봄이를 바라보며 웃었다. 다른 강아지들을 발견한 봄이는 바로 내 무릎 사이로 파고들며 안아 달라고 애원했다. 아기강아지, 봄이의 심장이 몹시 뛰고 있었다.

"겁쟁이 아기, 봄"

명품 백을 들고 있으면 이런 기분일까? 탁월한 미모를 가진 봄이를 안고 있는 느낌이 뿌듯하기까지 했다. 사람들의 시선을 집중시키고, 보는 이마다 환하게 웃어주니 이상하게 기분이 좋았다. 강아지를 데리고 다니던 사람들을 싫어했던 내 마음이 이렇게 변화된 것이 신기하기만 했다. 봄날 향기 물씬 풍기는 기분 좋은 첫 산책을 마치고 집으로 돌아왔다.

그날 저녁, 딸과 나는 남편과 아들에게 봄이의 첫 산책 이야기를 늘어놓으며 수다를 떨었다.

이야기를 들으며 흐뭇한 미소를 보이는 아들이 연신 봄이를 쓰다듬었다. 행복해 보였다. 첫 산책을 마치고 목욕한 봄이에게서 향긋한 샴푸 냄새가 코끝으로 스며들었다. 대입 모의고사를 앞두고 스트레스를 받고 있을 아들이 편안하게 간식도 든든히 먹고 졸고 있는 아기강아지를 쓰다듬어 주며 쉬고 있었다.

강아지 한 마리가 주는 가족의 기쁨과 사랑은 대단했다.

'반품(?)' 해 주세요

누군가 강아지를 키우면서 후회한 적이 있는지 물어본다면 '털' 때문에 후회한 적이 있다고 대답할 것이다. 봄이를 만난 뒤로 가장 스트레스를 많이 받았던 것은 바로 강아지 '털'이었다.

봄이를 입양하고 얼마 안 되었을 때였다. 아침에 일어나서 거실에 나갔다가 깜짝 놀랐다. 강아지 털이 뭉게뭉게 구름처럼 거실 바닥에 덩어리져서 굴러다니고 있었기 때문이다. 너무 놀라 사방을 보니 가구에도 벽에도 아이들 옷에도 온통 하얀 털이 묻어 있었다. 기가 막힌 현실을 보고 나는 금세 이성을 잃었다.

"이렇게 털이 많이 빠지는 강아지를 어떻게 키우니?
나는 못 키워!"

나는 버럭 화를 냈다. 내 얼굴 표정을 보며 목소리를 들은 딸은 강아지를 더욱더 꽉 껴안았다.

강아지를 데려온 애견 분양샵으로 전화했다.

"여보세요? 며칠 전 재피니즈 스피치 분양받은 사람입니다."
"네! 어머님 안녕하세요? 무슨 일이시죠?"
"아니, 강아지를 팔면 똑바로 설명을 해주셔야지 이렇게 털이 많이 빠지는 아이를 어떻게 팔 수가 있죠? 이거 사기 아닌가요? 반품해주세요!"

나의 앙칼진 목소리가 상대방의 귀를 자극했다. 친절하게 전화를 받던 종업원의 목소리도 덩달아 날카롭게 날아왔다.

"강아지 털이 많이 빠지는 견종이라고 분명히 설명해 드렸고, 그런 이유로 반품을 요청하는 것은 있을 수 없는 일입니다. 절대 안 됩니다."
"절대 안 된다고요? 소비자 고발 센터에 신고할 테니 각오하세요!"
"맘대로 하세요!"

종업원의 대답에 머리털이 곤두서는 듯하고 심장이 터지는 것 같았다.

"앞으로 이 털들 다 어떻게 할 거야? 이 털들이 사람 몸에 얼마나 안 좋은데? 왜 강아지는 사달라고 해서…."

"매일 빗어 주면 된대…."
"엄만 몰라! 네가 매일 빗어 주든지 말든지!"

딸에게 있는 대로 화를 냈다.

더 이상 말을 하는 건 딸에게 상처라는 생각에 나는 진정하려고 애를 썼다. 강아지를 바라보며 환하게 웃던 가족들 생각은 전혀 안 하고 내 감정에 치우쳐 이성을 잠시 잃었었다. 딸은 아무것도 모르는 강아지를 꼭 끌어안고 눈물을 흘리고 있었다. 딸이 입은 검정색 후드 티가 하얀 털로 범벅이 되었다. '반품?'하고 싶은 마음이 굴뚝같았다. 매일 자주 털을 빗어 주면 된다고 하지만, 강아지가 성장하면서 날아다니는 털을 감당하기는 힘들 것 같았다.

'큰일 났다. 이 털….'

매일 털과의 전쟁을 치르며 강아지가 아무리 귀엽게 놀아도 더는 예쁘게 보이지 않았다. 마침 친정엄마한테 전화가 와서 한숨을 푹 쉬며 강아지 털 얘기를 했더니 엄마는 더 환장하는 소리를 하셨다.

"개털이 기도에 꽉 차서 사람이 죽었다더라."
"뭐? 사람이 죽어? 그게 진짜야 엄마?"

친정 엄마한테 들은 이야기를 아이들한테 했더니, 아이들은 꿈쩍도 하지 않았다. 오히려 아이들과 갈등만 깊어졌다. 친정엄마가

하나, 우리 집에 봄이 왔어요

했던 이야기가 사실인지 찾아보니, 어느 연예인과 관련하여 떠도는 뜬소문이었다. 동물 전문가들도 개털 때문에 사람이 죽는 일은 없다고 한다.

그 소문이 괴소문이라는 것을 확인하기 전까지, 친정엄마가 듣고 해주신 말씀이 늘 나를 괴롭혔다. 사실 개털이 사람의 기도나 폐로 들어가려면 코를 통해서 들어가는데 콧속에는 코털이 있어서 개털이 통과할 수 없는 구조라고 한다.

어쨌든 집안에 개털이 많은 것은 좋은 일은 아니었다. 그만큼 신경을 써야 하는 일이었다.

봄이는 하얀 털이 매력이다. 자주 빗질해 주면서 부지런히 움직이면 되는데 그게 그렇게 말처럼 쉬운 일은 아니다.

애견 미용실을 알아봤다. 애견 미용 값은 또 왜 이렇게 비싼 건지…. 앞으로 이 강아지를 키우면서 들어갈 미용 값만 계산해도 장난이 아니었다. 사료값도 만만치 않고, 왜 강아지는 키우자고 해서 나에게 이렇게 큰 부담을 주고 힘들게 하는지 남편과 아이들이 원망스러웠다. 앞으로 계속 강아지 털과의 전쟁을 치르며 산다 생각하니, 머리가 지끈지끈 아파졌다.

'역시 나는 안 되겠어!'
'개를 키운다는 것은 아무나 할 수 있는 것이 아니야!'

봄이를 데려온 지 얼마 안 되었을 때 강아지가 똥을 먹어서 고민하고, 털 빠짐 때문에 후회하고, 강아지를 가족으로 받아들이기가 그렇게 쉽지는 않았다.

다시 처음 분양받아온 곳으로 데려다주고 털이 안 빠지는 다른 강아지로 '교환(?)'하고픈 마음도 생겼다. 하지만, 강아지가 무슨 물건도 아니고, '판매(?)'이니 '반품(?)'이니 '교환(?)'이니 해괴한 말을 하며 그때 왜 그런 말도 안 되는 생각을 했는지 지금 생각하면 정말 미안하고 부끄럽다.

강아지가 가족 모두에게 힐링을 주는 존재가 될 줄은 꿈에도 모를 때였다.

'봄'이가
가장 싫어 하는 일

　털을 예쁘게 다듬어서 멋을 부린 강아지를 데리고 산책 시키는 로망은 누구에게나 있다고 본다. 나 또한 강아지를 키운다면 그래보고 싶었다. 그런데 우리 봄이는 머리털은 짧게 자라고 목에는 사자처럼 목도리 털이 자라는 아이라서 예쁘게 털을 길러 머리핀을 꽂아 주거나 묶어 줄 수가 없었다.

　견종에 따라 다르긴 한데 스피츠라는 견종은 속 털이 있어서 다른 아이들에 비해 털이 많이 빠지는 견종이었다. 선택의 여지 없이 털을 싹 밀어주는 미용을 해야 했다.

　집에서 가까운 몇 군데 애견 미용실을 알아보았다. 동물병원에 상주하는 애견 미용사도 있고 개인이 애견 미용실을 운영하며 반려동물들의 간식도 팔고 소품도 파는 곳도 있었다. 애견 미용비가 만만치가 않았다. 동물병원에서 미용하면 왠지 마음이 편할 것 같긴 했는데 다른 곳에 비해 좀 더 비쌌다. 내게 강아지 미용은 처음이고, 강아지 봄이도 처음이기 때문에 불안한 마음에 괜히 이곳저곳 알아보다가 동네 전철역 근처에 새로 생긴 미용실이 있어서 전화했다.

"여보세요? 강아지 미용을 좀 하려고 하는데요, 비용이 얼마죠?"
"강아지의 무게에 따라 다른데 애기 몸무게가 어떻게 되죠?"
"3~4kg 정도 되는 것 같아요"
"견종은요?"
"재패니즈 스피츠!요"
"그 몸무게라면 35,000원입니다."
"네! 예약해주세요."

다른 곳에 비해 가격이 저렴했다. 앞으로 자주 미용을 하게 될 것 같고 봄이랑 충분히 걸어 다닐 수 있는 거리가 마음에 들었다.

봄이를 데리고 애견 미용실에 갔다. 반려동물 호텔도 운영하고 있어서 강아지들 몇 마리가 뛰어놀고 있었다. 커다란 대형 견은 없었지만 그래도 봄이보다 덩치 큰 몇몇 녀석들이 제일 먼저 눈에 띄었다. 개를 무서워하는 나는 온몸이 경직되어 버렸다. 불안한 표정으로 들어오는 나를 보며 강아지들은 무섭게 멍멍 짖었다. 처음 낯선 곳에 들어서는 봄이도 불안에 떨며 가슴에서 안 떨어지려고 발버둥을 쳤다. 끝내는 미용사 선생님을 보며 날카로운 송곳니를 드러내며 으르렁거리기까지 했다. 능숙하게 강아지를 받아 안은 선생님은 두시간 후에 데리러 오라고 했다. 발걸음이 떨어지질 않았다. 잠시 머물며 진행되는 상황을 보고 싶었는데 주인이 있으면 강아지가 더 불안해한다고 집에 갔다 오거나 볼일을 보고 오는 게 좋다고 했다.

'괜찮을까? 혹시 미용사 선생님을 물지 않을까?'
'덩치 큰 녀석들한테 봄이가 물리진 않겠지?'

이 생각 저 생각 하면서 봄이를 맡기고 집으로 돌아오는 발걸음이 무거웠다. 죄를 지은 느낌이었다. 아무것도 모르는 어린 강아지한테 큰 아픔을 주는 것 같아 많이 미안했다.

봄이가 우리 집에 온 후 처음 떨어져 있는 2시간이었다. 이상하게 아무것도 할 수 없었다. 집안이 빈집 같고 어수선하게 늘어져 있는 봄이의 물건들을 치우면서 빨리 보고 싶은 마음이 간절했다. 봄이 털 때문에 파양까지 하고 싶었던 그 마음은 도대체 어디로 간 건지 무척 길었던 두시간이었다.

시간이 다 되어 얼른 봄이를 데리러 갔다. 애견 미용실 문을 열고 들어가니 우리 강아지가 보이질 않았다. 깜짝 놀라서 두리번거리며 봄이를 찾아보았다. 처음 미용을 해보는 거라서 복슬복슬하던 털들이 사라지고 나니 금세 봄이를 알아보지 못했던 것이다. 분홍빛 살결이 드러나 벌거벗은 강아지가 나를 알아보고 펄쩍펄쩍 뛰며 깡깡 짖었다. 봄이가 나를 먼저 알아보았다.

미안하고 반가운 마음에 강아지를 얼른 안았다. 여느 때 보다 꽉 안아 주었다.

"미안해, 미안해 봄아! 힘들었지? 수고했어."

품속에 묻힌 봄이는 낑낑거리며 흐느끼듯 짖었다. 미안하고 불쌍한 마음이 들어서 봄이를 품속에 꼭 안고 집으로 돌아왔다. 무겁고 힘들었지만 그렇게라도 힘들었을 봄이의 마음을 위로해 주고 싶었다.

"아이고 귀여워!"

털을 밀어도 봄이의 귀여운 미모는 여전했다. 난생처음 털을 밀며 얼마나 고생했을지 짐작이 가기에 가족들도 미안한 마음으로 봄이를 많이 쓰다듬어 주었다.

그날 이후, 봄이는 처음 털을 깎은 그 미용실을 기억하고 근처만 가면 네 발에 힘을 주고 아무리 목줄을 잡아당겨도 버티며 움직이지 않았다. 가끔 동네 산책을 하다가 미용실 근처에서는 안아야만 지나갈 수 있었다. 강아지가 그 집을 기억하는 것이 참 신기했다.

강아지 털 만큼은 봄이를 키우면서 내가 가장 감당하기 힘든 부분이어서 자주 털을 밀었다. 봄이가 가장 싫어하는 일이다. 그래서 봄이에게 많이 미안했다.

어쩔 수 없었다. 가족들의 건강이 더 중요하니깐….

우리 봄이는 '재패니즈 스피츠'라는 견종이다.

털이 많은 견종이고 웃는 미소가 예쁘다고 해서 '천사견'이라는 별명을 가지고 있다. 매우 영리하고 평균수명은 18세 정도를 산다고 한다.

털에 대한 스트레스는 봄이를 키우는 내내 있었다. 치우고 빗겨 주며 노력해도 옷에 묻어나는 털 때문에 스트레스를 받았다. 온 집안에 개털이 가득한 느낌을 어떻게 표현해야 할지…. 청소기를 밀어도 손이 안 닿는 침대 밑과 화장대 밑 그리고 장롱 위에 수북하게 쌓인 봄이의 털이 가족들의 호흡기에 문제를 일으키지는 않을지 늘 걱정이었다.

어쩔 수 없이 3~4개월에 한 번씩 봄이를 미용시키며 가능한 털이 날아다니는 걸 방지하려고 했다. 사실 강아지 털은 밀어도 털이 안 빠지는 것은 아니다. 오히려 밀고 나면 눈에 잘 안 띄는 미세한 털이 날아다니고 집안 곳곳에 붙는다는 것을 나중에야 알았다. 오히려 긴 털이 사람에게 더 안전하다고 한다. 힘들지만 착실하게 속 털을 자주 빗겨 줘야 한다.

'강아지를 키운다는 것'은 부지런해야 하고 엄청난 노력과 정성이 필요한 일다.

둘,
막내딸
'봄'이를 소개합니다

새로운 하루,
새로운 일상이 시작되다

봄이는 너무 귀여웠다. 눈송이처럼 하얀 털 위에 까만 콩 세 개가 박힌 듯 인형같이 예쁘게 생겼다. 나처럼 강아지를 싫어하는 사람의 마음을 움직일 정도였으니 봄이의 미모와 영리함은 대단했다.

하얀 강아지 봄이가 새 식구가 된 이후로 우리 집은 완전 다른 집이 되었다. 아이들은 일어나면 강아지부터 찾았다.

"봄이 어디 있어?"
"봄아!!"

어떻게 자신의 이름을 아는지 꼬리를 흔들며 아이들의 침대 위로 뛰어 올라갔다. 아직 눈도 안 뜨고 강아지를 부르는 아이들을 핥아 주고, 옆에 누워 쓰다듬으라고 머리를 들이밀며 아이들을 행복하고 즐겁게 했다. 쪼그만 하얀 솜뭉치가 거실을 휘젓고 다니는 것이 얼마나 귀엽고 예쁜지, 봄이를 보면서 늘 웃고 다녔다. 밥 먹다가도 봄이를 보면서 미소 짓고, TV 보다가도 봄이를 보면서 입꼬리가 상승했다.

온 식구의 표정이 변했고 목소리가 변했다. 그야말로 강아지 봄이 덕분에 엔도르핀이 마구 솟았다.

'이렇게 식구들이 좋아하는데 진즉 생각해 볼걸!'

강아지 키우는 것을 빨리 결정하지 못한 것에 대해 후회하며 아이들에게 미안했다. 가족들이 웃으니까 참 좋았다. 털 때문에 못 키우겠다고 소리치며 엉엉 울었던 때도 있었지만, 마음을 고쳐먹은 것은 가족들의 밝아진 표정과 목소리 때문이다.

TV 보다가 소파에서 잠들 때면 하얀 강아지 봄이는 내 가슴으로 파고들어 팔을 베고 같이 누웠다. 나는 봄이를 더 끌어당겨 그 포근함으로 피로를 풀었다. 이렇게 붙임성 있게 행동하니 그 누구에게서라도 사랑받겠다는 생각이 들었다. 사랑받는 법을 강아지에게서 배우는 순간이었다. 어느 날 딸이 사진을 보여 줬다. 사진은 내가 소파에서 잠든 사이 봄이가 내 팔을 베고 함께 자는 모습이었다. 어느새 나는 강아지 엄마, 봄이의 엄마가 되어가고 있었다. 내 얼굴도 내 마음도 바뀌고 있다는 것을 감출 수 없었다. 그런 내 모습을 가족들이 더 좋아했다.

행복한 만큼 일거리가 늘어났다. 봄이에게 사료도 챙겨주고, 물도 챙겨줘야하고, 때때로 배변 패드도 바꿔줘야 하고…. 지린내가 나서 배변 패드를 자주 바꿔주다 보니 쓰레기봉투도 금 새 한 봉지가 되어 빨리 버려야 했다.

둘, 막내딸 '봄'이를 소개합니다

무엇보다 봄이는 털이 많은 강아지라서 온 집안이 털투성이가 되지 않게 쓸고, 닦고, 털고, 신경 써야 할 일이 많았다. 봄이의 털은 빗겨도 빗겨도 감당하기가 힘들어서 어느 정도 자라면 계속 미용을 해야 했다. 털 뿐만 아니라 집안에서 강아지 특유한 냄새가 날까 봐 환기도 자주 해 줘야 했다. 비위가 약해서 아이들이 어릴때 구토한 부속물뿐만 아니라 기저귀를 갈아 주면서도 구역질을 했던터라, 강아지를 입양하기 전에 제일 걱정했던 것이 똥 치우는 일이었다. 그랬던 내가 강아지 똥을 그렇게 잘 치울 줄은 정말 몰랐다. 남편은 나를 보며 깜짝깜짝 놀란다고 했다. 강아지를 그렇게 싫어하던 사람이 구역질도 안 하고 재빠르게 강아지 똥을 잘 치웠기 때문이다.

나 자신의 놀라운 변화를 확실하게 느꼈던 때가 있었다. 200일간 '지구 살리기 운동'에 동참한 적이 있다. 쓰레기가 쌓여가는 지구를 살리자는 취지로 매일 주변의 담배꽁초와 쓰레기를 줍는 봉사 활동이었다. 담배꽁초나 쓰레기뿐만 아니라 봄이와 함께 다니는 산책로에 버려진 개똥까지 주워서 쓰레기통에 버렸다. 산책하러 나갈 때마다 봄이의 똥은 당연하고 남의 강아지 똥까지 치웠더니, 길에 버려진 개똥들이 사라진 것을 보며 정말 뿌듯했다. 200일간 하루도 빠짐없이 지구 살리기 운동에 동참하는 동안 내가 사는 아파트 주변이 깨끗해졌다. 이건 정말 내 인생에 대단한 일이었다.

놀라운 마음의 변화가 봄이를 만나면서 시작되었다.

봄이와 함께 놀아줘야 하는 것도 일이었다. 강아지도 우울증에 빠진다는 얘기를 들은 적이 있어서 잘 데리고 놀아줘야 하는데 어떻게 데리고 노는 것이 좋은지 잘 몰랐다. 그런 내 마음을 읽은 건지 하얀 강아지 봄이는 천으로 된 뼈다귀 인형을 물고 와서 내 앞에 놓았다. 그리고는 앞발로 내 손을 툭툭 쳤다. 뭘 하라는 건지 처음엔 눈치를 못 챘다.

"아하! 던져 달라고?"

멀찌감치 인형을 던져 줬더니 봄이는 신나게 달려가 인형을 가져와 다시 내 무릎 앞에 놓았다.

"멍!"

짧게 짖으며 인형 한 번 쳐다보고는 활짝 웃으며 나를 보았다. 다시 던지라는 신호였다. 그렇게 몇 번을 던져 주고 나면 봄이는 헐떡거리면서 내 옆에 엉덩이를 붙이고 앉았다. 봄이의 엉덩이가 내 살에 붙는 느낌이 너무 좋아서 쓰다듬어 주면 봄이는 몸을 돌려 배를 보여주었다. 보드라운 배를 살살 만져주면 봄이는 스르륵 잠이 들곤 했다.

강아지를 위해 매일 사료와 물을 주는 것뿐만 아니라, 산책도 시키고 목욕도 시켜야 하는 귀찮은 일이 많이 늘어나긴 했다. 그렇지만 새 식구가 가져다주는 새로운 일상, 새로운 하루는 나와 가족들에게 활력을 주었다. 무엇보다 아이들과 함께 나눌 수 있는 이야깃거리가 생겨서 두 아이와 잠시 동안 겪었던 갈등이 사라졌다. 퇴직 후 혼자 있는 시간이 많아지면서 친구들과 전화기를 붙들고 수다 떨기 전까진 거의 말할 일이 없었다.

둘, 막내딸 '봄'이를 소개합니다

그런 나에게 봄이는 말벗이 되어주었다.

봄이와 함께 대화를 나누고, 함께 간식을 먹는 상상하지 못했던 새로운 하루하루가 즐거움이었다.

양말 벗겨주는 '봄'이

하얀 강아지 봄이는 눈치가 정말 빨랐다. 사람과 강아지와의 관계가 서로 눈치로 소통되는 것이라 해도 지나친 이야기가 아니라고 생각한다. 강아지 봄이가 얼마나 눈치코치가 대단한지, 외출하려고 샤워하고 옷을 갈아입을 때면 마약 방석에 앉아 있던 봄이의 표정이 심상치 않게 느껴졌다.

"엄마! 어디 가?"

말하는 듯해서 봄이의 눈치를 보게 되었다. 헤어드라이어로 머리를 말리며 거울에 비치는 봄이의 표정을 계속 살폈다. 시무룩해진 표정으로 방석에 턱을 기대고 축 늘어져 있는 모습이 너무 귀여웠다. 미안한 마음에 드라이를 마치고는 봄이의 머리를 쓰다듬어 주고 털을 쓸어내려 주었다. 몸을 돌려 배를 보여 주며 스르륵 눈을 감는 봄이의 행동은 열 첩의 보약보다 더 효과 있는 명약이었다.

"아이고! 예뻐! 우리 봄이!"

둘. 막내딸 '봄'이를 소개합니다

애교를 부리는 봄이를 두고 다시 일어나 화장대 앞에서 화장하던 중 나를 지켜보던 봄이가 벌떡 일어나 깡깡 짖었다.

혼자 있기 싫다고 나가지 말라고 애원하는 듯 들렸다. 나도 어릴 적 엄마가 외출하는 것이 싫어서 동구 밖까지 징징거리며 엄마를 쫓아다녔던 일이 있었다. 미안한 마음에 간식을 주니, 다 먹고 현관까지 졸졸 따라 나오는 봄이에게

'봄아, 엄마 금방 올게!'

이야기하면, 문이 닫히는 순간까지 시무룩하게 얼음이 되어 그 자리에 서 있는 봄이의 표정은 외출하는 나의 뒤통수를 잡아당겼다. 봄이를 혼자 두고 장시간 볼일을 보러 다닐 때면 집에 갓난 아이 하나 두고 나가 있는 기분이었다. 부랴부랴 볼일을 마치고 집에 들어가면 봄이가 현관으로 뛰어 와서는 앞발로 내 종아리를 부둥켜안고 꼬리를 마구 흔들었다.

"봄, 잘 있었어? 들어가자!"

봄이가 먼저 거실로 뛰어 들어가 이리 뛰고 저리 뛰면서 신나게 반겼다. 혼자서 온종일 엄마를 기다렸을 봄이의 마음을 위로해 주려고 옷도 갈아 입지 않고 소파에 앉아 봄이와 스킨십하는 시간을 가졌다. 먼저 봄이의 얼굴을 두 손바닥 안에 놓고 엄지손가락으로 촉촉해진 눈 밑을 닦아 준 뒤에 털을 쓰다듬어 주고, 발을 만져주었다. 그러면

봄이는 자동으로 몸을 돌려 배를 보여 주며 쓰다듬어 달라고 애교 부리는 것을 즐겼다.

"아이고, 예뻐!!! 봄이 잘있쪄쪄용?"

온종일 밖에서 쌓인 피곤이 사라지는 봄이의 강력한 엔도르핀 애교에 풍덩 빠지는 시간이었다.

충분히 스킨십해 주고 옷을 갈아입으려고 일어나면 봄이도 같이 일어나서 가는 곳마다 따라다니며 내가 신고 있는 양말을 물어 강제로 벗겨 주었다. 양말을 벗겨 주는 행동이 너무 귀여워서 아들은 나갔다 들어오면 어쩔 땐 양말을 벗겨 달라고 봄이에게 발을 미리 내밀기도 했다. 발 냄새가 많이 나던 어느 날, 아들의 양말을 벗기던 봄이가 '우웩!'하며 구역질을 했다. 얼마나 웃겼는지, 가족 모두가 그 모습을 보면서 박장대소했다.

"얘얘! 얘! 왜이러니?"

오랜만에 집에 놀러 오신 친정엄마가 다급하게 나를 불렀다. 봄이가 엄마의 양말을 벗겨 주려고 자꾸 엄마의 양말을 공략했다. 상황을 처음 겪는 엄마는 강아지가 물려고 하는 줄 알고 깜짝 놀라셨다.

"에이! 저리가!"

매몰차게 봄이를 밀어냈지만 봄이는 포기하지 않고 엄마 얼굴 한번 보고 양말 한번 보고, 엄마 얼굴 한번 보고 양말 한번 살짝 물고….

"도대체 너 왜 그러니?"

엄마가 당황하면서 짜증 내는 모습이 너무 재미있었다. 포기하지 않고 계속 양말을 벗겨 주려고 하는 봄이의 모습에 박장대소 안 할 수 없었다.

"애 좀 어떻게 해봐! 웃지만 말고….”
"엄마! 살짝 양말 벗어서 발에 끼고 있어 봐! 양말 벗겨
주려고 하는 거야! "
"어머머! 별난 아이네….”

엄마가 양말을 벗어 살짝 발가락에 걸쳐 놓았더니 봄이가 냉큼 잡아당겨서 양말을 가지고 놀았다.

봄이가 온 후로 우리 집에 손님을 잘 초대 하지 못했다. 집 안을 깨끗하게 청소한다고 해도 매일 날리는 강아지 털을 감당할 수가 없어, 그러려니 하고 포기하고 살았다. 가끔 친한 친구나 친척들이 오면 한바탕 소동이 벌어지곤 했다. 봄이가 졸졸 따라다니면서 양말을 벗기려고 했기 때문이다. 봄이는 작은 이빨로 양말 끝을 살살 물어서 있는 힘을 다해 당겼다. 우리 가족은 봄이가 절대 물지 않고 양말을 벗겨 주려고 한다는 것을 알지만, 다른 사람들은 봄이가 그럴 때마다

당황하며 무서워했다. 나는 그 모습을 볼 때 마다 엄청 웃었다. 집에 오는 사람들은 민망해하면서도 모두 양말을 벗고 있어야 했다. 기필코 벗겨내는 봄이 때문이다.

그런 봄이 때문에 집에는 구멍 난 양말이 많이 생겼다. 봄이가 이빨로 잡아당겨서 생긴 구멍이다. 스타킹만은 제발 안 그랬으면 좋겠는데, 스타킹 또한 예외는 아니었다. 스타킹을 벗길 때면 봄이는 고도의 기술을 발휘하는 듯 더 살짝 스타킹 끝을 물어서 잡아당겼다. 신통방통한 귀여운 강아지 봄이의 재롱은 매일매일 우리 가족을 웃게 만들며 행복 호르몬을 만들어주었다.

도대체 왜 그렇게 양말 벗겨 주는 걸 좋아하는 건지 알 수 없는 행동이었다.

말썽쟁이
'봄'이의 큰 한 방

봄이를 입양하고 우리 집식구가 되고 나서 가족들의 모든 관심사는 강아지 봄이에게 집중되었다.

게다가 봄이는 아기강아지여서 모든 것이 조심스러웠다. 봄이를 데려왔을 땐 태어난 지 얼마 안 된 강아지였다. 먹이는 것도 조심해야 할 때라서 사료는 물에 불려서 줬다. 간식도 함부로 주지 못했다. 안을 때도 조심조심 아기 다루듯 안아야 했다. 처음엔 강아지의 안전을 위해 펜스 안에서 키웠다. 뒷발로 몸을 세우고 앞발로는 펜스를 꽉 잡고 가여운 표정을 지으며 꺼내달라고 애원했다.

"끼잉 끼잉…!"
"안 돼! 봄아! 거기 있어야 해!"

눈에 힘을 주고 단호하게 말해보려고 했지만, 봄이의 생김새가 너무 귀여워서 나도 모르게 언제나 함박 웃게 되었다. 그리고 가여운 마음에 펜스 안에서 꺼내 주면 온 집안을 아장거리며 뛰어다녔다. 너무 작아서 혹시라도 밟힐까 봐 조심조심 다녔다.

봄이는 말썽쟁이였다. 점점 자라면서 깜짝깜짝 놀라게 말썽을 부려 놓고 천진난만한 표정으로 사람의 애간장을 녹였다.

어느 날, 청소해놓고 잠깐 마트에 다녀온 사이에 두루마리 휴지를 다 풀어헤쳐 놓고 휴지를 뜯어 먹고 있었다. 정말 어이가 없었다.

"봄아! 뭐해?"

큰 목소리로 야단을 치면, 봄이는 동그란 눈으로 이유 없이 왜 화를 내느냐는 표정으로 물끄러미 나를 쳐다보았다. 휴지 한 통을 다 풀어 놓은 것은 둘째치고 휴지를 먹고 있었던 것이 걱정이었다. 또 어떤 날은 어항 앞에 둔 물고기 밥통을 끌어 내려 이빨로 뚜껑을 물어뜯어 물고기 밥 한 통을 거실 카펫에 쏟아부은 채로 먹고 있었다. 정말 당황했던 일은 시할아버지 산소에 가져가려고 황태를 사서 김치냉장고 위에 올려놓고 볼일 보러 잠깐 나간 사이에 봄이가 김치냉장고 위까지 올라가 황태를 먹어 치우며 포식을 하고 있었다.

"봄아! 그걸 먹으면 어떻게?"

딱 들킨 봄이의 표정은 사아한 여우의 표정이었다. 기가 막혀 웃음이 나왔다.

'어떻게 저길 올라갔지?'

생각해 보았다. 식탁 의자로 올라가서 그다음은 식탁 위로, 옆에 있는 3단 서랍장을 아슬아슬하게 지나 김치냉장고에 도착했을 봄이를 상상하니 헛웃음이 절로 나왔다.

그렇게 말썽쟁이 봄이를 보면서 당황했지만, 봄이가 다치지 않아 다행이었고, 또 참을 수 있었던 것은 말썽쟁이 봄이의 귀여운 표정, 한 방이었다. 봄이의 얼굴 표정만 봐도 마음이 스르르 녹고, 입꼬리가 올라가게 되니, 나란 사람이 강아지를 싫어하던 그 사람이 맞는지 스스로 의심해보았다.

어릴 적, 앞마당에서 막 키우던 개들은 한 번도 목욕시켜준 적이 없는데, 반려견은 집안에 개 비린내가 날까 걱정되기도 하고, 반려견의 알레르기 예방을 위해서도 목욕을 자주 시켜 줘야 했다.

"봄아! 목욕하자!"

꼬리를 살랑살랑 흔들며 나를 쳐다보는 봄이를 번쩍 안고 목욕탕으로 들어갔다. 물을 약간 담아 놓은 욕조 안에 봄이를 넣었더니 꺼내 달라고 두 발로 서서는 낑낑거렸다. 샤워기로 온몸을 조심스럽게 적셔 주었다. 강아지들은 귀에 물이 들어가면 절대 안 된다는 소리를 들어 귀와 얼굴 부분은 거의 물 칠을 하지 못했다. 아이 둘을 거뜬히 키운 엄마인데도 강아지 목욕시키는 것이 더 힘들고 어려웠다. 비눗물을 손에 묻혀서 강아지 봄이의 몸 구석구석을 문질러 주었다. 봄이가 불편해하며 긴장하고 있는 것같아 최대한 빨리 끝내려고 애를 썼다.

샴푸를 마치고 미지근한 물로 헹궈주니 이제야 봄이도 시원해하는 듯 보였다. 아니 봄이는 '나 죽었소!'하고 포기하고 있었는지도 모른다. 얼른 커다란 수건으로 강아지를 감싸 안고 털을 말려 주었다. 어찌나 속 털이 짱짱한지 쉽게 물기가 제거되지 않았다. 할 수 없이 헤어드라이어를 이용해서 말려 주었다. 뜨거운 바람을 불편해하고 싫어하며 발버둥 치는 봄이를 제어하며 털을 말려 주기란 여간 쉽지 않았지만, 드라이브를 마치고 뽀송뽀송해진 봄이는 신나게 거실 한복판으로 달려갔다.

"봄아! 잘했어!"

봄이를 칭찬해 주며 맛있는 간식을 주었다. 뽀송뽀송해진 봄이의 미모는 더 빛나고 귀여웠다.

"오늘 봄이 목욕했네?"

샴푸 향이 나는 봄이의 몸에 얼굴을 파묻고 행복해하는 딸의 표정을 보는 것도 큰 행복이었다. 강아지를 예쁘게 꾸며주고 귀여운 모습을 바라보는 것은 큰 기쁨이었다. 저절로 미소 짓게 되면서 어느새 걱정 근심도 사라져 버렸다.

"어머! 애는 어쩜 이렇게 눈물 자국도 없고 깨끗해요?
주인한테 사랑 많이 받는 강아지 같아요."

산책길에서 만난 사람들이 우리 봄이를 보면서 이런 말을 해줄 때면 괜히 어깨가 으쓱해졌다. 언젠가 아이들의 초등학교 시절, 두 아이를 담임하셨던 선생님께서 아들은 아들답게 딸은 딸답게 잘 키웠다고 얘기를 해주셨을 때 바로 그 느낌이었다.

산책길에서 강아지와 함께 산책하는 사람들과 강아지 이야기를 나누며 어느새 자식 자랑하는 팔불출이 되어가고 있었다. 세상에서 우리 강아지, 봄이가 제일 예쁜 것 같았다.

아무리 말썽을 부리고 천방지축 사고를 쳐도 밉지 않은 것은 봄이가 날려주는

한 방의 미소,

한 방의 애교,

사랑 때문이었다.

그래, 너 내 딸해라

처음에 강아지 입양은 귀찮고, 돈 아깝고, 시간을 빼앗는 일이라고 여겼던 터라 강아지 봄이를 입양한 것은 나를 위한 것이 아니라 아들과 딸을 위한 일이라고 생각했다. 아이들이 행복하고 즐거운 일이라면 엄마로서 인내하며 견딜 만하다고 생각했다.

하얀 강아지 봄이가 그런 나의 마음을 완전히 녹여 버릴 줄은 몰랐기 때문이다.

봄이의 까만 입은 뾰족해서 컵에 담긴 물도 충분히 먹을 수 있다. 가끔 환하게 웃을 때는 입꼬리가 귀에 까지, 시원하게 올라간다. 코와 입은 하얀 눈사람 위에 까만 콩 세 개를 콕 박아 놓은 듯 예쁘다. 가끔 콧물을 흘릴 때도 있지만, 촉촉하게 젖은 코는 건강한 거라고 딸이 말했다. 봄이는 꿈꾸면서 잠꼬대도 하고, 깊이 잠 이 들었던 봄이의 코 고는 소리에 깜짝 놀라 잠에서 깨어난 적도 많다. 코 고는 봄이가 너무 귀여워 코 고는 소리를 녹음해 두기도 했다. 하얀 눈 위에 까만 보석. 아니 흰 도화지 위에 검은 점이라고 할까? 정말 예쁘게 생긴 까만 점 두 개가 반짝이며 나를 바라보면 내 맘도 환하게 빛이 났다. 봄이의 눈빛에서 어쩔 땐 애교가 넘치고 어떨 때는 사악함?이 넘쳤다.

둘, 막내딸 '봄'이를 소개합니다

두려움과 아픔,

고통과 그리움,

사랑과 존중을

강아지의 눈빛에서 느꼈다면 다른 이들은 얼마나 이해할까?

나는 뒤통수를 좋아하는 사람이다. 남편의 뒤통수를 볼 때면 그렇게 사랑스러울 수 없다. 아이들을 키울 때도 아이들의 뒤통수를 보면 너무 예뻤다. 그런데 봄이도 뒤통수가 그렇게 예쁠 수가 없다. 강아지한테 뽀뽀를 잘 안 하는 내가 어느 날은 봄이 뒤통수에 뽀뽀하며 말했다.

"봄아! 아프지 말고 건강하게 오래오래 엄마랑 살자!"

작은 손과 까만 발바닥까지, 예쁜 사랑 덩어리 봄이는 그렇게 내 안에 쏙 들어와 나를 강아지 엄마로 만들었다. 믿기지 않은 사실이었다. 누가 뭐래도 개 엄마, 아니 봄이의 엄마가 되어가고 있다는 것이….

산책 나가면 강아지를 데리고 나온 사람들과 이야기를 나누게 된다. 모두가 처음 본 사람들이다.

"안녕?"
"얘는 몇 살인가요? 견종이 뭐예요?"
"어머나, 너도 참 귀엽다."

엄마 미소를 장전하고 목소리마저 달라져 처음 보는 사람들과 수다를 떠는 나를 느낄 때면 정말 신기하고 행복했다. 산책길에 사람들이 없을 땐 잠시 목줄을 풀고 봄이가 자유롭게 뛰어놀게 해주었다. 비둘기 떼를 발견하고 막 뛰어가던 강아지가 다시 나를 찾아 달려오면 봄이가 나를 엄마로 생각하고 나를 의지하고 있다는 생각에 뭉클할 때도 있다.

강아지를 키우다 보면 예방주사도 맞혀야 해서 동물병원에 자주 가게 된다. 봄이는 그곳이 뭐 하는 곳인지 알고 있는 듯이 근처에만 가도 긴장을 했다. 내 팔을 앞발로 꽉 붙들고 떨어지지 않으려고 애를 쓰며, 어느 날은 내 어깨 위까지 올라가 내 얼굴을 감싸 안기도 했다. 봄이는 병원에만 가면 사나워졌다. 주사를 놓아주려고 하면 한쪽 입술을 들썩이며 송곳니를 보여 주었다.

"봄아! 이리 와. 괜찮아!"

바들바들 떨고 있는 봄이를 꼭 안아 엉덩이를 토닥여 주며 안고 있을 때 의사 선생님이 주사를 놓아주셨다. 봄이의 심장이 콩닥콩닥 빠르게 뛰고 있는 것을 느꼈다. 겁쟁이 아기 봄이….

'봄이가 정말 나를 엄마로 알고 있네!'라는 생각이 확실하게 들었던 때가 있었다. 놀다가 어디를 다친 건지, 아픈 건지, 깨갱하는 봄이의 소리에 놀라 딸과 달려갔다. 딸이 먼저 봄이를 안고 살폈다.

"봄아, 왜 그래?"

둘, 막내딸 '봄'이를 소개합니다

봄이는 몸을 돌리며 내게 오려고 발버둥을 쳤다.

"봄아, 이리 와!"

그런 봄이를 얼른 받아 안으니 봄이는 가슴으로 쏙 파고들며 편안하게 안정을 취했다.

"쳇! 봄이는 엄마만 좋아해….”

봄이가 나를 엄마로 생각한다고 강하게 느꼈던 순간이었다.

"그래, 너 그냥 내 딸 해라!"

봄이 없으면 안 될 것 같은 느낌이 살짝 들기 시작했다. 그동안은 가족들을 위해 강아지를 키운다고 생각했었는데 이제는 누구를 위한 것도 아니었다. 봄이는 그냥 가족이었다. 강아지를 키운다는 건 쉽지 않은 일이기 때문일까, 내가 마지막까지 책임지고 보살펴 줘야 하는 내 딸이라고 생각하기까지 많은 시간이 걸렸던 것 같다.

언제부턴가 남편에게서도 우리 '막내딸 봄'이라는 표현이 자연스럽게 나왔다.

"봄이 엄마"

친정 식구들도 시댁 식구들도 언제부터인지 모르겠지만, 자연스럽게 나를 '봄이 엄마'라고 불렀다. '엄마'라는 단어는 눈물 나게 감동적인 단어이다.

말썽꾸러기 '봄'이는 천재?

가끔 봄이를 혼낼 때도 있었다. 어느 날 외출하고 집에 돌아왔더니 거실 한복판이 난리가 났다. 식구들 없는 틈에 봄이가 베란다에 있는 쓰레기봉투를 뒤져서 아이들이 먹던 과자 부스러기, 방부제, 프라이팬의 기름 닦은 종이 등 더러운 것들을 주워 다 거실 카펫 위에서 핥아먹고 있었다.

어떻게 베란다 문을 열고 쓰레기봉투를 뒤졌는지, 머리카락이 곤두서는 것 같았다. 문을 제대로 안 닫은 내 불찰이었지만, 그러면 안 된다는 것을 가르치기 위해 봄이를 혼냈다.

"봄아! 너! 이게 뭐야!"

큰 목소리로 소리를 지르며, 눈을 크게 뜨고 봄이를 노려보았다. 용하게도 봄이는 그런 엄마의 감정을 바로 알아차렸는지, 앞발 하나로 혼내지 말라고 툭툭 치더니 바로 배를 보이며 누워서 자기 배를 쓰다듬으라고 애교를 부렸다.

"으이그…."

혼을 내던 내 목소리는 금방 아이스크림처럼 달콤하게 변하며, 마음이 녹아내려 봄이의 배를 쓰다듬어 줬다.

강아지 안 키워본 이들은 상상이 안 갈 것이다.

"봄아! 너 그렇게 쓰레기 뒤지다가 뭐라도 잘못 먹으면 어떻게 하려고 그래? 그러지 마, 알았지?"

봄이는 초롱초롱한 까만 눈을 더 반짝였다.

한참 뒤에야 알았다. 봄이가 주인이 없는 동안 쓰레기를 뒤지는 행동은 '분리불안 증세'였다는 것을….

봄이는 나 때문에 식탐이 많았다. 봄이가 애기 때부터 내가 무인가를 먹을 때마다 한 입씩 나눠 먹던 버릇이 있있다. 그랬더니 봄이가 크면서 엄마가 먹는 것은 자기도 먹어야 한다고 생각하는 것 같았다. 내가 뭔가 먹기만 하면 자기도 달라고 엄청나게 짖었다. 어떨 때는 봄이 때문에 밥이 코로 들어가는지 입으로 들어가는지 모를 정도로 빨리 밥을 먹어 치울 때도 있었다. 강아지 짖는 소리가 혹시라도 이웃들에게 피해를 줄까 봐 예민해지는 순간이었다. 밥 먹을 때도 그렇게 짖으니 모처럼 온 가족이 모여 치킨을 시켜 먹을 때면 난리가 났다. 봄이는 치킨 냄새를 맡고 기를 쓰고 짖어 댔다. 너무 짖어서 마음이 흔들렸다.

'그냥 조금 줘볼까?'

치킨은 양념된 고기라서 주면 안 되는 것이라 몇 점 먹고 일어나곤 했다. 맛있는 것 좀 먹으려고 하면 봄이가 그렇게 짖어서 그때마다 한숨이 절로 나왔다.

어느 날엔 치킨을 시켜 놓고 봄이를 안방에 두고 방문을 닫았다. 그랬더니 봄이가 더 난리를 쳤다. 먹을 것 좀 나눠달라고 짖던 그 소리가 아니었다. 캉캉 짖는 소리가 '나 좀 살려줘!'라고 애원하는 소리로 들렸다. 발톱으로 문을 박박 긁어대는 소리가 고통스럽게 다가왔다. 내가 무슨 짓을 한 건지 알아차렸다. 한 점 먹던 치킨을 얼른 내려놓고 방문을 열고 봄이를 안았다.

"미안해 봄아, 알았어…. 알았어…. 미안, 미안"

잠시 안방에 갇혀있었던 봄이는 낑낑거리며 서러운 신음소리를 냈다. 봄이를 진정시키고 봄이가 제일 좋아하는 간식을 줬다. 강아지 한 마리 키우는 것이 보통 일이 아님을 다시 한 번 실감했던 일이었다. 그 후로 다시는 방안에 가두는 일은 없었다. 대신 식탐이 많은 봄이를 훈련해 보았다.

먼저, '기다려!'를 가르쳐 보기로 했다. 봄이를 저지 하듯이 손바닥을 세우고 봄이에게 외쳤다.

"기다려!"

처음에 봄이는 기다려 소리가 무슨 소린가 하고 어리둥절해하며 고개를 갸우뚱거렸다. 단호한 음성으로 '기다려!'하고 외치니 봄이는 한걸음 물러서서 다음 나의 신호를 기다렸다. 성공적이었다. 보상으로 간식을 줬다. 똑똑한 봄이는 금세 '기다려!' 소리를 알아듣고 용케 잘 따라 주었다. 훈련은 계속되었다. 이번에는 간식을 앉아서 먹기 좋은 위치에 놓고 봄이에게 말했다.

"앉아!"

눈치 빠른 봄이는 바닥에 앉았다. 어쩔 땐 간식을 줄 거면 빨리 주지 귀찮게 뭐 하냐고 반발하듯이 성질부리며 '탁!'하고 앉을 때도 있었다. 웃음이 터져 나오는 순간이었다. 다시 간식을 바닥에 놓고 손바닥을 바닥을 향하니 단호하게 외쳤다.

"엎드려!"

봄이는 바닥에 배를 깔고 차분하게 엎드렸다. 다음 신호를 기다리는 봄이에게 외쳤다.

"먹어!"

둘, 막내딸 '봄'이를 소개합니다

기가 막히게 잘 알아듣는 봄이는 역시 내 딸이었다. 그런 모습을 본 아들과 딸은 좀 더 욕심을 부려서 '손!', '돌아!', '빵!' 등등 봄이에게 숙제를 줬다. 하나하나 훈련을 늘릴 때마다 신기하게 잘 따라 주었다. 말을 잘 알아듣는 봄이는 천재견?이었다.

봄이와 정이 들면서 마음이 통한다는 것을 느꼈다. 장난감을 가지고 놀다가도 눈이 마주치면 봄이는 활짝 웃어주었다. 예쁘고 환하게 웃어주는 사랑스러운 봄이를 꽉 안아 주면, 봄이는 내 얼굴과 입술을 핥으려고 했다. 그때마다 봄이에게 단호하게 말을 했다

"안 돼! 엄마 입술은 아빠 거야!"

봄이는 내 말을 알아듣는 듯 행동을 멈추었다. 그러다가도 봄이는 어쩔 땐 감정을 누르지 못하고 입술을 핥으려고 하다가 '아차!'하며 하던 행동을 멈췄다. 그럴 때마다 엄마가 싫어한다는 것을 기억하는 봄이가 '혹시, 영재 아닌가?'라는 생각을 했다.

아이들 키울 때도 남들보다 뭔가 빠르게 습득하는 것을 볼 때마다 '혹시 내 아이가 천재 아닌가?'라는 착각을 했었다. 시어머님께 아이들 자랑을 하면, 그때마다 빙그레 웃으시며 '엄마는 다 거짓말쟁이'라고 하셨다.

어느새 봄이가 천재라고 말하는 거짓말쟁이가 되어 가고 있었다. 다시 아기를 키우는 기분이었다. 강아지 봄이를 향한 내 사랑은 점점 깊어져만 갔다.

'봄'이 없이는 못 살아

동물을 사랑한다는 건 내게 있을 수 없는 일이었다. 나는 안 그럴 줄 알았는데, 이렇게 변했다. 늘 곁에서 위로해 주고, 기뻐해 주고, 반겨 주는 강아지 '봄'이 때문이었다.

한동안 우리 가족은 각자 다른 곳에 살았다. 남편은 해외 근무 중이었고 아들과 딸은 통학 시간을 아끼기 위해 학교 근처에서 자취하고 있었다. 이런 특이한 사정으로 인해 봄이와 단둘이 있는 시간이 많았다. 퇴직 후 우울하고 쓸쓸했었는데, 봄이가 가족이 된 이후로 우울하거나 쓸쓸하고 외롭다고 생각해 본 적이 없다. 봄이는 나의 친구였고, 날벗이었고, 나의 막내딸이었다.

외출하고 들어오면서 현관 번호를 누를 때면 봄이는 문을 박박 긁으며 빨리 열라고 성화를 부렸다. 현관에 앉아서 계속 기다리고 있었던 것 같았다. 문을 열고 들어오면 펄쩍펄쩍 뛰면서 꼬리를 흔들며 좋아서 어쩔 줄 몰라 했다. 늘 외출하고 돌아오면 곧바로 소파에 앉아 봄이와 스킨십을 가졌다. 언제부턴가는 봄이가 먼저 소파에 올라가서 나를 기다렸다. 활짝 웃는 얼굴로 신호를 보냈다.

둘, 막내딸 '봄'이를 소개합니다

"엄마 빨리 와!"
"봄아! 아아아!!!"

장난치며 이름을 부르면 봄이는 소파에서 뛰어 내렸다가 다시 올라가고, 또 내려갔다가 앉기도 하면서 반가움을 온몸으로 표현했다. 이 맛에 많은 사람이 강아지를 키운다는 얘기를 많이 들었다.

참 맛이다.

아이들이 대학생이 되고 나더니 각자 자기 일을 하느라 바빠졌다. 아무리 바빠도 엄마가 돌아오면 하던 일을 멈추고,

"다녀오셨어요?"

인사 좀 해주면 좋으련만, 각자가 하던 일 하느라 집 안으로 들어오는 엄마를 못 본 척할 때는 섭섭할 때가 있다. 오직 봄이만 나를 격하게 반겨줬다.

어느 날, 속상한 일이 있어서 안방 침대에 걸터앉아 소리 내어 엉엉 울 때가 있었다. 그때 봄이가 내 앞에 와서 앞발로 나를 툭툭 치며 달래 주었다. 봄이의 위로에 금방 울음을 그칠 수 있었던 것은 봄이의 눈빛 때문이다. 어린 강아지의 눈에서도 금방 눈물이 떨어질 것만 같았다. 울음을 멈추지 않고 계속 울고 있으면 슬픈 눈빛으로 멍멍 짖었다. 그런 작은 강아지의 애절한 눈빛이 슬픈 나의 마음을 위로해 줬다. 나도 모르게 웃음이 나왔고, 덕분에 슬픔도 금방 잊을 수

있게 되었다. 그렇게 걱정해주고, 위로해 줄 때마다 내 속으로 낳은 자식보다 낫다는 생각이 들기도 했다.

집에 혼자 있을 때, 적막함이 싫어서 온종일 TV를 켜놓고 있을 때가 많았다. 대화 상대가 없어서 입을 뗄 일도 없다. 그런 생활이 직장 다닐 땐 엄청 부럽고 해보고 싶은 일상이었다.

'말을 하도 안 해서 입에 거미줄이 생길 것 같다.' 라는 누군가의 말이 이해되었다. 그런데 봄이가 식구가 된 이후로는 봄이와 대화하는 것이 즐거웠다.

"봄아 이리 와!"

꼬리를 흔들며 금세 달려와 주는 봄이에게

"우리 봄이 너무 예쁘다! 왜 이렇게 예쁠까?"

말하면, 얼른 배를 보이며 만져 달라고 손짓했다. 어쩔 땐 멍하니 TV만 보고 있는 나에게 인형을 물고 와서 던지라고 멍멍 짖었다. 인형을 던지면 기다렸다는 듯이 달려가 인형을 물고 와서 내 앞에 놓으며 다시 던져 주길 기다렸다. 그럴 때 그 눈빛과 표정을 어떻게 표현해야 할지….

사실은 자꾸 놀자 해서 귀찮을 때도 있었다. 강아지 때문에 심심해할 틈이 전혀 없었다. 혼자 사는 사람들에게 강아지를 추천하고 싶은 이유이기도 하다.

봄이와 항상 껌 딱지처럼 함께 지내다 보니 봄이의 표정만 봐도 알 수 있었다. 교감? 그런 걸 '교감'이라고 하는 것 같다. 내가 무슨 말을 하는지 다 알아듣고 귀를 쫑긋 세울 때면 사람 같을 때도 있었다. 어떨 땐 무슨 말인지 모르겠다고 고개를 갸우뚱거릴 때도 있다. 내가 제일 좋아하는 귀여운 모습이었다.

주위 사람들이 봄이를 보며 주인 닮아서 예쁘다고 말할 때면 은근히 기분이 좋다. 내가 예쁘다는 소리로 들리기 때문이다. 봄이는 환하게 잘 웃는 강아지, 나는 웃음 강사. 강아지는 주인을 닮는다는 말이 맞는 것 같다. 겁이 많은 것도, 잘 웃고, 잘 울고, 성질부릴 땐 장난 아니고, 마음도 약하고…. 내가 봐도 봄이와 나는 많이 닮았다.

강아지도 감정의 동물이다. 기쁠 땐 입꼬리가 활짝 귀로 올라간다. 눈으로도 웃는다. 또 울기도 한다. 슬플 땐 까만 눈에서 눈물이 방울방울 떨어진다. 잘못했을 때 야단을 치면 어느새 눈가가 촉촉하게 젖는다. 화가 날 땐 송곳니를 드러내며 으르렁거리기도 한다. 키우다 보니 눈빛으로 다 알 수 있게 되었다.

혼자 잠을 자야 할 때 봄이는 꼭 내 침대 위에서 잠을 잤다.

"봄아 자자!"

봄이가 껑충 침대 위로 올라와서 옆에 누웠다. 불을 끄면 봄이는 방문을 향해 앉았다. 주인을 지켜주려는 것 같아 고마웠다. 봄이 덕분에 늘 든든하고 편안한 잠을 잘 수 있었다. 자다가 가끔 무서운 꿈을 꿀 때가 있다. 그때마다 봄이의 보드라운 털이 느껴지면 마음이 편안해졌다. 자다가 깨면 발밑에서 잠들어 있는 봄이를 일부러 끌어당겨 품에 안고 다시 잠을 청했다. 옆에 있어 주는 작은 강아지 한 마리가 나에게 이렇게 큰 위로가 될 줄이야….

이젠 봄이 없인 못 살 것 같다.

'봄'이는 사랑의 메신저

봄이를 가족으로 입양한 이후 초기에는 어려움도 있었지만, 가족 모두의 마음은 항상 봄날이었다. 가족들이 봄이를 보며 웃으면서 시작하는 예쁜 하루하루가 더없는 행복이었다.

아침마다 전에 듣지 못했던 딸의 콧소리를 들었다. 눈을 뜨면 침대에 누워 강아지의 이름을 부르는 소리가 나에겐 행복의 종소리 같았다.

"봄아!! 봄아!!!"

사랑을 가득 실어 봄이의 이름을 부르는 딸의 음성이 들려 귀를 기울이면 거실 마약 방석에 누워있다가 후다닥 달려가는 봄이의 발소리가 들렸다. 딸은 자신의 이름을 기가 차게 알아듣고 달려온 봄이를 번쩍 안아 배에 올려놓고는

"봄아! 잘 잤어? 아이고 예뻐라…."

봄이를 쪽쪽 빠는 뽀뽀 소리가 주방에서 아침을 준비하는 내 얼굴에

한가득 미소를 만들어주었다. 딸은 위에 오빠가 있어서 그런지 아들처럼 터프하게 자랐다. 감정 표현을 잘 안 하는 무뚝뚝한 딸이라고 생각했는데 봄이와 말할 땐 완전 다른 사람이 되곤 했다.

딸은 일어나기 전, 침대에서 항상 봄이를 먼저 찾았다. 딸이 일어날 시간이 되어도 일어나질 않으면, 봄이는 침대 위로 껑충 올라가 딸의 배 위에 납작 엎드려 딸의 얼굴과 입술을 마구 핥았다. 아무리 봄이가 예뻐도 입술을 핥는 것은 말리고 싶었다.

"그것 좀 못하게 하면 안 돼?"
"왜? 나는 좋은데."
"더러워!"

혹시라도 병균이 옮길까 봐 걱정돼서 하는 소리였다. 봄이와 스킨십을 즐기는 딸에게 더는 할 말이 없었다.

학교가 멀어서 자취해야 하는 딸은 엄마랑 떨어져 사는 것보다 강아지 봄이랑 떨어져 사는 걸 더 속상해했다. 가끔 엄마보다 강아지를 더 좋아하는 것 같은 느낌이 들면 딸에게 심통을 부렸다.

"개만도 못한 엄마구먼…."

아들도 마찬가지였다. 잠에서 깨어나면, 잠이 덜 깬 목소리로 봄이를 불렀다. 딸과는 달리 아들이 부르면 봄이는 아들 옆에 누워 자기 몸을 쓰다듬도록 자세를 취해 줬다. 봄이의 털을 만져주며 행복해하던 아들이 군대에 가서도 늘 엄마보다는 봄이를 그리워했다.

둘, 막내딸 '봄'이를 소개합니다

"봄이 보고 싶다!"
"봄이 보고 싶어!"

포상으로 전화를 할 수 있는 기회를 얻어 가끔 군에서 전화가 왔다. 그때마다 봄이를 보고 싶다는 말을 연발하며 강아지에 대한 애틋한 사랑을 표현했다. 엄마 보고 싶다는 말은 들어 본 기억이 없다. 가끔 강아지 봄이에게 질투도 느꼈다.

아이들과 떨어져 지내는 동안 가족의 단톡방에 강아지 사진과 동영상을 열심히 올렸다. 봄이가 웃는 사진뿐만 아니라 성질내는 사진, 똥 싸는 사진까지 올리며 아이들이 행복하게 웃는 모습을 상상했다. 평상시에 말이 별로 없는 아이들이 봄이 사진이 뜸하게 올라오면 사진 좀 보내 달라고 주문을 했다. 봄이의 사진과 동영상을 올렸을 때 봄이에 대한 아이들의 반응을 보는 재미도 꿀맛이었다.

어느 날, 딸과 얘기하다가 티격태격 다퉜다. 딸도 화가 났고 나도 화가 많이 났다. 늘 그렇듯이 먼저 화를 낸 건 나였다. 상처받은 딸아이 마음은 쉽게 풀리지 않았다. 딸아이의 마음을 풀어 보려고 애를 쓰며 전화를 하고 문자를 해도 받지를 않았다. 그렇게 며칠이 흐르는 동안 내 마음은 미칠 것만 같았다. 아이 혼자서 자취를 하고 있어서 더 걱정됐다. 딸의 마음 좀 풀어 주려고 봄이 사진을 열심히 보냈다. 일주일이 훨씬 지났을 때쯤 오랜만에 딸한테 문자가 왔다.

"봄이 보고 싶어! 봄이 데려와 줘."

딸에게서 문자가 온 것이 너무 반갑고 고마웠다. 봄이를 데려가서 딸의 마음을 풀어주고 싶었다.

"알았어! 데려갈게."

당장 간다고 약속했다. 하필 약속한 날이 엄청 비가 쏟아지는 날이었다. 강아지를 데리고 한 시간 넘는 빗길을 운전해서 가는 것이 무리라는 생각은 들었지만, 가다 보면 비가 그칠 거라는 생각으로 운전대를 잡았다. 봄이가 얌전하게 있어 주면 가능한 일이었다. 눈치 빠른 봄이가 내 맘을 알아서일까, 오른쪽 내 허벅지를 의자 삼아 걸터 앉아 얌전하게 비 내리는 차창 밖을 내다보고 있었다. 차가 막히면서 두 시간 넘는 거리의 길을 봄이는 잘 참아 주었다.

오랜만에 딸아이의 얼굴을 봤다. 그새 얼굴이 매우 수척해졌다. 아이가 중요하게 생각하는 것을 별거 아닌 걸로 함부로 생각했던 나의 실수로 그동안 아이의 마음도 내 마음도 무척 힘들었다. 딸아이는 보고 싶었던 봄이를 끌어안고 연하게 미소를 지었다.

부랴부랴 준비해간 음식들을 꺼내놓고 식사 준비를 했다. 졸업작품 하느라 애쓰고 있을 때라 삼계탕을 준비해갔다. 대화 없는 어색한 식사 시간이었지만 무척 그리운 시간이었다. 그 시간을 만들어준 봄이가 너무나 고마웠다. 딸하고 다투면서 어색할 때 봄이가 없었으면 어떻게 화해할 수 있었을까? 어떻게라도 풀고 살았을 테지만, 마음을 녹여주는 역할을 봄이가 해준 것이다. 봄이는 엄마에게 서운했던 딸의 마음을, 지나치게 딸을 걱정하는 나의 마음을 녹여주고, 달래주고, 깨닫게 해주었다. 봄이가 있어서 가능한 일이었다.

다시 집으로 돌아오는 길에도 봄이는 보조석 의자에서 얌전하게 앉아 운전하는 나를 바라보고 있었다. 가끔 코를 고는 소리도 났다.

피곤함에 잠든 봄이가 더 사랑스럽고, 귀엽고, 예쁘게 보이는 시간이었다.

아이들은 학교생활이 아무리 바빠도 봄이가 보고 싶어서라도 주말에는 집에 왔다. 오빠 언니가 현관문을 여는 소리가 들리면 뛰어나가 마구 꼬리를 흔들며 문을 박박 긁었다. 이리 뛰고 저리 뛰며 식구들을 반기는 봄이를 바라보며 나도 덩달아 콧소리를 내며 어서 오라고 아이들에게 인사했다.

생각보다 아이들의 귀가가 늦어지는 날엔 봄이가 현관문을 바라보고 앉아 기다리는 사진을 찍어 보냈다.

"빨리 들어와라! 봄이가 이렇게 기다리고 있다"
"넹! 빨리 갈게요!"

눈물 이모티콘을 보내며 아이들은 귀가를 서둘렀다.

봄이는 나와 아이들의 사랑의 메신저였다.

사랑 덩어리 '봄'이

　사랑을 받는다는 것은 내가 어떻게 행동하느냐에 따라 다르다는 것을 막내인 강아지 봄이를 보면서 느꼈다. 식구들이 봄이를 예뻐하는 것은 귀여워서 뿐만 아니라 영리하고 똑똑하게 사랑받을 짓을 해서 그런 것 같다.

　일에 지쳐 집에 돌아오면서 현관문 비밀번호를 누르고 문을 열면 항상 봄이가 꼬리를 흔들며 반겨 주었다. 마치 기다렸다는 듯이 달려들어 온몸으로 반가움을 표현했다. 몸이 천근만근 한 것 같다가도 봄이의 행동에 스르륵 피곤이 녹았다. 봄이가 오랜만에 집에 온 남편을 볼 때면 이리 뛰고 저리 뛰디기 그만 오줌까지 실수했다. 그런 강아지 봄이의 행동이 주인을 행복 속에 풍덩 빠지게 했다. 봄이는 항상 집에 돌아오는 식구들을 반기며 양말을 벗겨 주었다. 양말을 벗겨 주는 봄이의 특별한 퍼포먼스는 가족들에게 주는 큰 웃음 선물이었다. 봄이가 양말을 입에 물고 온 힘을 다해 잡아당기느라 얼굴 표정까지 일그러지면 아이들이 웃겨 죽으려고 했다. 봄이 덕분에 사람 사는 집 냄새가 늘 가득 찼다.

　각자 자취생활을 하며 학업에 바쁜 아이들이 주말이 되면 강아지가 보고 싶어서 먼 거리를 마다 안고 집에 왔다. 엄마 보고 싶다는 말은 생전 안 하는 녀석들이 강아지 보고 싶다는 말은 연신 해대니 가끔 개만도 못한 엄마인 것 같아 투정을 부리기도 했지만, 가족의 결속력을 가져다주는 작은 강아지 봄이는 정말 고마운 존재였다.

아침에 눈을 뜨며 침대 밑에서 자고 있던 봄이와 눈이 마주쳤다.

"봄아! 잘 잤어?"

봄이가 침대로 다가와 내 손바닥 안으로 머리를 디밀었다. 쓰다듬어 달라는 뜻이었다. 사랑스러운 봄이를 번쩍 안아 침대 위로 올려 등을 쓰다듬어 주었더니 가랑이를 쫙 벌려 배를 보여 주며 자신의 몸을 나에게 맡겼다.

"엄마, 강아지들이 배를 보여 주는 것은 주인을 신뢰한다는 뜻이래!"

딸이 해주는 이야기가 감동적으로 다가왔다. 나를 신뢰하고 믿어주는 강아지에게서 고마움과 찐한 사랑이 느껴졌다. 한없이 소중하고 예뻤다.

너무나 신기하게도 봄이는 식구들이 일어날 때쯤을 정확하게 알고 있었다. 내가 일어날 때쯤이 되면 거실에서 자고 있다가도 안방으로 들어와 침대로 올라오든지 아니면 내 손을 핥으며 신호를 보냈다. 모른 척하고 등을 돌리면 봄이는 침대를 돌아 반대편으로 와서 다시 내 얼굴과 시선을 맞추고는,

"멍!!"

일어나라고 소리를 냈다. 더 자고 싶어도 짖는 소리 때문에 모른 척할 수가 없었다. 딸이 일어날 시간이 됐는데 계속 자고 있으면 딸의 침대로 뛰어 올라가 곧바로 딸의 가슴에 엎드려서는 열심히 정말 정성스럽게 딸의 입술을 핥아 주었다.

"봄아! 그러지 마앙!!"

평상시엔 듣지 못하는 딸아이의 애교 섞인 목소리가 달콤하게 들렸다. 딸이 행복하게 잠에서 깨어나는 것이 좋았다. 아들을 깨울 때는 또 달랐다. 아들이 일어나야 하는데 늦잠을 자면 아들 방문을 긁었다. 몇 번을 앞발로 쿵쿵 밀어서 방문을 열고 침대 위로 올라가 귀에 대고 큰 소리로 깡깡 짖었다. 알람 소리도 제대로 못 듣고 잠을 자는 아들을 깨우는 최고의 방법을 봄이는 알고 있었다. 푹 자고 싶어서 방문을 꼭 닫고 자는데도 시간이 되면 어김없이 방문을 긁으며 문을 열라고 아우성을 쳤다. 그런 봄이의 특별한 행동을 보는 것은 주말 아침마다 느끼는 또 다른 즐거움이었다. 나도 늦잠을 자고 싶은 날이 있다. 그런 날에도 침대 밑에서 내 손가락을 앞발로 톡톡 치면서 신호를 보냈다. 식구들 모두 늦잠 자고 싶은 날 봄이가 깨우면 짜증 한번 낼 법도 한데, 짜증내는 사람은 아무도 없었다. 작은 동물에게 사랑받고 관심받는 기쁨은 이만 저만이 아니다. 온 집안 식구가 강아지의 과격한 사랑을 받고 살았다.

현관에 들어서면 반갑게 맞이하는 봄이처럼, 나도 집 안으로 들어오는 남편과 아이들을 반갑게 맞이하며 인사를 했다. 가족들이 올 때쯤 되면 시간 맞춰 밥을 짓고, 집안에서 맛있는 냄새가 풍길 수 있도록 바쁘게 움직였다. '아침마다 눈을 뜨면 기분 좋게 해주는 아내가 되고, 엄마가 되자!'라고 마음먹고 아침이되면 가족들의 밤새 안부를 묻고 입 맞춰 주고 안아 주었다.

업무 스트레스가 많을 남편이, 학업 스트레스가 있을 아이들이 편안하게 쉬는 집이 되어야 한다고 생각하며, 언제부턴가 아이들에게 공부 좀 하라는 잔소리가 내 입에서 사라졌다. 집은 공부하는 곳이 아니다. 집은 편안하게 쉬는 쉼터이다.

봄이에게 배운 사랑으로 나는 변화되고 있었다.

봄이에게 사랑하는 법을 배웠다.

셋, **행복한 시간도 잠시**

'봄'아! 너 왜그래

　　봄이가 3살 되는 해, 벚꽃이 화사하게 피는 어느 봄날 봄맞이 대청소를 했다. 대청소할 때는 베란다 청소에 특별히 더 신경을 썼다. 베란다에는 내가 키우고 있는 예쁜 화분들이 있기 때문이다. 관음죽, 셀렘, 코끼리 선인장 등 크고 작은 꽃들에 한바탕 시원하게 물을 주고 베란다 바닥 청소까지 마치고 나면 내 속까지 상쾌해져서 너무 좋다. 청소할 때 마다 베란다 청소를 특별히 더 신경 쓰는 이유가 한 가지 더 있다. 강아지 봄이가 베란다에서 대·소변을 해결하기 때문이다. 사람도 그렇지만 동물들도 어디가 아프면 대·소변 색깔이 달라진다는 말을 들어서 항상 봄이의 대·소변 색깔을 유심히 보는 편이었다. 그날따라 봄이의 배변 패드가 초록색으로 물들어 있었다. 오줌 색깔이 다른 날과 다른 것 같아서 이상하다는 생각은 했지만, 대수롭지 않게 여기며 패드만 갈아 주었다.

　　그날 저녁. 주방에서 일하다가 잠깐 뒤돌아서는 순간 깜짝 놀랐다. 봄이가 하늘을 향해 네 발을 허우적거리고 있었다. 처음엔 '봄이가 장난하는 건가?'라고 생각했는데, 가만 보니 봄이가 일어서질 못하고 헤매고 있었다. 직감적으로 문제가 생겼다는 것을 알았다. 얼른 봄이를 안았다. 기운이 쭉 빠져서 내 가슴에 쏙 안겼다.

아까 봤던 배변판 오줌 색깔이 생각났다. 다시 찬찬히 살펴보려고 베란다로 갔더니, 이게 무슨 일인가? 배변판이 피로 물들어 있었다. 봄이가 피 오줌을 싼 것이다. 바로 동물병원으로 차를 몰았다. 마침 아들과 딸이 외출하고 들어오는 길이어서 함께 병원으로 갔다. 봄이가 다니던 작은 병원은 안 될 것 같다는 생각이 들어서 큰 병원을 찾아갔다. 운전하면서 보조석에 앉아 있는 봄이를 봤다. 유난히 더 하얗게 보이는 봄이가 예쁘기만 했다.

'괜찮을 거야! 우리 봄이 괜찮을 거야!'

내 마음을 토닥이며 위로했다. 평소 강아지를 끔찍하게 생각하는 아이들이 봄이가 피오줌을 쌌다는 말이 없어졌다.

봄이가 낯선 병원에 도착하자, 내 안으로 더 깊숙이 파고들었다. 딸이 안으려고 해도 내게서 안 떨어지려고 앞발을 내저으며 몸을 돌렸다. 엄마가 안아야 안심하는 봄이가 진정 나를 엄마로 알고 있다는 생각에 가여운 마음이 더해졌다.

동물병원 의사에게 봄이의 증상을 얘기하며 찍어두었던 봄이의 배변판 사진을 보여줬다. 강아지들의 혈뇨는 여러 가지 원인이 있을 수 있다고 이야기하며 일단은 피검사부터 해보자고 했다. 어린 강아지에게서 피를 뽑는다고 생각하니 잠시 가슴이 저려 왔지만, 당연한 절차라고 생각하고 안타까운 내 마음을 진정시켰다. 검사 결과를 기다리면서도 봄이는 괜찮을 거라 생각하며 그날따라 유난히 하얗게 빛이 나는 봄이가 더 예뻐 보이고 짖지도 않고 얌전하게 결과를 기다리고 있는 봄이가 사랑스러워 봄이를 안고 사진을 찍었다. 며칠 전에 딸이 사 온 분홍색 옷이 예쁘게 잘 어울렸다.

피오줌을 싼다는 것은 사람이나 동물이나 매우 심각한 증상이다. 동물병원 의사 선생님도 의심되는 병을 기초로 급하게 피검사를 하고, 검사 결과를 보더니 아무래도 더 큰 병원을 가봐야 할 것 같다고 했다. 꽤 큰 병원이라고 생각하고 찾아갔는데 동물들을 24시간 돌보며 각종 의료기구와 시설을 갖춘 24시 동물종합병원을 가라고 했다. 동물종합병원이 있는 줄 그때 처음 알았다. 가벼운 병이 아닐 것 이라는 예상은 했지만, 더 큰 병원을 가야 할 정도라는 것은 상상하지 못했다.

집에서 가까운 24시 동물종합병원을 찾아갔다. 저녁 7시가 넘은 시간이었는데 병원에 많은 환자?들이 있었다. 이미 입원 중인 강아지들을 면회하러 온 사람들도 보였다. 링거를 꽂고 있는 강아지를 멍하니 안고 있는 보호자의 모습을 보면서 저 강아지는 무슨 병일까? 생각하며 남 일 같지 않게 느껴졌다.

벽에 붙어 있는 강아지 '자궁축농증' 사진이 눈에 들어왔다. 끔찍하게 손상된 강아지의 자궁 사진이었다. '자궁축농증' 증상은 다뇨, 다뇨 증상과 함께 대부분 외음부가 부어오른다는 문구를 읽었다. 음부에서 불쾌한 냄새가 나고 고름이나 혈뇨 등의 분비물이 나온다는 문구를 보면서 '설마 자궁축농증은 아니겠지?'라고 생각했다. 그때까지 중성화 수술을 안 한 상태라서 관심 있게 보게 된 것 같다. 웬만하면 몸에 칼을 대고 싶지 않은 우리 가족의 마음과 우리 봄이는 괜찮을 거로 생각했던 안일함도 있었고, 그때까지만 해도 남편과 나는 '강아지한테 큰돈을 들여가며 과잉보호나 과잉치료는 하지 말자.'라는 생각이 확고했었다. '강아지는 강아지일 뿐'이라는 생각 말이다.

남편은 어릴 적부터 강아지를 많이 키워봤던 사람이라 그런지, 오히려 강아지를 키우는 것에 대해 나보다 냉정한 판단을 했다. 나도 어릴 적 친정 아빠의 엄청난 강아지 사랑을 보면서 '저렇게까지 할 필요가 있나?'라는 생각을 많이 했었던 사람이다. 강아지에게 큰돈을 들여 수술시키는 건 용납이 안 됐다. 봄이가 커가면서 딸이 이야기했다. '중성화 수술을 안 시키면 자궁암에 걸릴 확률이 높으니까, 중성화 수술을 시켜주자!'고 졸랐었지만, 금액이 비싸다는 이유를 들어 계속 회피했었다. 그러나 봄이의 혈뇨를 보이는 증상이 혹시나 자궁축농증이면 '미안해서 어쩌나!'하는 생각이 들었다.

무거운 맘으로 먼저 들렀던 병원에서 써준 소견서를 전달하고 검사 결과와 진료를 기다리는 시간이 지루하게 느껴졌다. 안경 쓰고 키 크신 의사가 봄이의 이름을 불렀다. 역시나 예상했던 대로 피검사를 다시 해봐야 한다고 했다. 의심되는 병이 있는데 예후가 안 좋은 중한 병이라서 검사를 꼼꼼하게 해봐야 한다고 이야기하며 봄이를 바라보더니 우선 아이가 너무 창백해서 산소방에 넣어야 한다고 했다. '창백하다고?' 그때 서야 봄이를 자세히 보니 봄이의 귀와 잇몸이 하얗게 변해 있었다. 그런 줄도 모르고 유난히 하얗게 빛이 나던 봄이를 예쁘다고 끌어안고 사진을 찍고 있었으니…. 아들도 딸도 하얗게 변한 봄이의 귀와 잇몸을 보고 깜짝 놀랐다. 봄이를 산소방에 넣어두고 검사 결과를 기다리며 시간이 꽤 많이 흘렀다. 밤 10시쯤. 저녁 먹을 시간이 한참 지난 시간이었다.

"배고프지?"
"아니!"

두 아이가 고개를 떨어뜨리고 힘없이 대답했다. 불안했다. 두 달 전에 시아버님이 하늘나라로 가셨다. 아직 아버님을 마음에서 못 보내 드리고 있었을 때라 걱정과 두려움이 엄습해 왔다. 시아버님에 이어서 봄이까지 잘못될까 봐 무서웠다.

'제발 아무 일 없기를….'

진료실 안에서 봄이가 짖는 소리가 들렸다.
엄마랑 떨어져서 불안해하는 봄이의 목소리가 눈시울을 뜨겁게 만들었다.

'IMHA'입니다

검사 결과를 기다린 시간이 많이 흐르는 동안 초조하고 지루했다. 드디어 간호사의 목소리가 들렸다.

"봄이, 보호자님!"

진료실에 들어서는 순간 뭔가 심각할 것이라고 직감할 수 있었다.

"어떤가요?"
"예상했던 대로 'IMHA'입니다."

의사는 어디서 들어 보지도 못한 병명을 이야기했다.

"네? 그게 뭔가요?"
"'면역 매개성 용혈성 빈혈'이라고 하는데, 말 그대로 강아지의 면역체계에 문제가 발생해서 몸속 적혈구가 파괴되어 빈혈이 생기는 질환입니다. 자가 면역의 오류로 인해 자신의 것인 적혈구를 자신의 것이 아닌 외부의 것으로 오판하여 파괴해버리는 희귀병입니다."

셋, 행복한 시간도 잠시

무슨 말인지 하나도 알아들을 수가 없었다. 의사는 자가 면역이 어쩌고, 적혈구가 파괴되고… 도통 모르는 이야기를 했다. 봄이의 피를 보여 주며 '응집 현상'을 설명해 주었다. 마치 고춧가루 같은 것이 눈에 띄었다. 피오줌을 쌌던 배변 판에서도 관찰된 현상이었다.

내 머릿속엔 '희귀병'이라는 단어만 맴맴 돌았다.

'보통 일이 아니구나! 돈도 많이들 것 같은데, 어쩌지?'

의사는 검사를 더 해봐야 하고 현재 봄이의 빈혈 수치가 (헤모글로빈 정상 범위 Hgb 12~18) 7.4라서 입원해야 한다고 했다. 언제 위급상황이 올지 모르는 위험한 병이고, 병을 고치는 데 걸리는 기간은 최소 6개월 정도라고 했다. 치료 중에 응급상황이 오면 수혈을 해야 하는 경우도 발생할 수 있으며 현재 봄이의 상태를 보면 내일이나 모레쯤 수혈을 해야 할지도 모른다고 자세하게 설명해 주었다. 문제는 병원비였다. 어마어마한 병원비가 예상되었다.

"병원비가 얼마나 나올까요?"
"병원 옆, 도너츠 사장님 강아지가 같은 병으로 치료
한지 2주정도 됐는데 오백만 원 정도 나왔습니다."

2주에 오백만 원! 엄청난 금액이었다. 고민을 안 할 수가 없었다.

지난달에 이유 없이 계속되는 하혈 때문에 산부인과에 갔었다. 자궁내막에 '근종'이 생겼다. '선 근종'까지 있어서 자주 하혈을 했다. 한 달에 일주일 이상 두세 번씩 펑펑 피를 쏟아 자궁적출을 권장받았다. 수술하더라도 큰 병원에 가서 하면 좋을 것 같아 신촌에 있는 종합병원에 가서 진료를 받았다. 의사는 폐경기도 다가오고 하니 웬만하면 그때까지 참아보라고 이야기하면서도, 하혈이 심하면 빈혈로 인한 합병증이 생겨 더 위험할 수 있으니 자궁으로 들어가는 혈관을 막는 시술을 하자고 했다. 그때 시술비용이 육백만 원이었다. 보험으로 해결하려고 했지만, 오래전에 가입한 실비보험이라 시술비용은 보험이 안 된다고 했다. 나는 시술비용 육백만 원이 아까워서 그냥 폐경이 될 때 까지 참아보기로 하고 한 달에 두세 번 흐르는 하혈을 감수하고 있을 때였다. 나에게 오백만 원은 하혈을 참고 견디며 지킨 큰돈이었다.

'2주에 오백만 원….'

곧바로 남편에게 전화했다. 이러한 사정을 얘기했더니 남편도 고민했다. 그렇게까지 강아지에게 돈을 쓰고 싶지 않다는 얘기였다. 결정하지 못하고 있는 나에게 아들이 눈물을 흘리며 말했다.

"엄마, 봄이 살리자! 내가 아르바이트해서 봄이 병원비 보탤게. 당분간 용돈 달라는 말 안 할 테니까 봄이 살리자!"

옆에 있던 딸아이도,

"엄마 나 용돈 줄여줘…. 그걸로 봄이 병원비 보태줘. 나도 아르바이트할게!"

두 아이의 간곡한 부탁이었다. 그렇다! 봄이는 가족이었다. 내 막내딸 아니었던가! 네 발로 걷는 동물이라고 해도, 털가죽을 쓴 짐승이라고 해도 이미 아기 때부터 내가 키우고 있는 나의 가족이고, 나는 봄이가 가장 의지하는 엄마였다. 돈은 있다가도 없어지는 것이다. 오백만 원이 없어도 우리 가족은 살아갈 수 있지만, 지금! 봄이는 그 돈이 없으면 죽을 수도 있다. 무엇보다 봄이는 우리에게 없으면 안 되는 존재였다.

아이들이 부탁하기 전에 현명하게 결정을 내렸어야 했는데 자식들 앞에서 한 생명을 포기할까 말까 망설이는 모습을 보이고 말았다. 잠시, 결정을 못하고 남편과 돈 걱정을 하며 우왕좌왕 망설였던 내가 너무 미웠다. 아이들한테 부끄럽기 그지없었다.

"그래 알았어! 봄이 살리자!"

우리는 봄이 입원 수속을 마치고 산소방에 들어가 있는 봄이를 먼발치에서 바라봤다.

봄이랑 눈이 마주쳤다. 봄이가 흥분을 하며 산소방 유리문을 마구 긁었다. 몸부림치며 꺼내달라고 애원하는 모습에 마음이 무너졌다.

'엄마 나 좀 꺼내줘! 제발 나를 두고 가지 마!'

불안해하며 애원하는 봄이 표정이 우리가족의 눈물샘을 폭발시켰다.

"보호자님은 얼른 가시는 게 좋겠어요. 강아지가 흥분
하면 치료에 도움이 안 됩니다."

벌써 봄이가 흥분하는 바람에 꽂아 두었던 링거 바늘이 빠졌다. 우리 가족은 그렇게 봄이를 입원시키고 무거운 발걸음을 집으로 옮겼다.

뒷좌석에 앉아 있는 아이들이 슬픔을 꾹꾹 참고 있는 것이 느껴졌다. 한참 만에 집으로 돌아와 현관 번호를 누르고 문을 열었는데 눈물이 왈칵 쏟아졌다. 현관문을 열 때 봄이가 뛰어나와야 하는데 뛰어나오는 아이가 없었기 때문이다. 어쩌면 금방 죽을 수도 있는 심각한 병이라는 이야기 때문에 불안감은 이루 말할 수가 없었다. 참았던 눈물을 더 이상 참지 않고 소리 내어 울었다. 정신 좀 차리고 주방으로 가는데 딸아이의 흐느끼는 소리가 들렸다. 숨통 뚫리듯 다시 터져 나오는 울음을 참기 어려웠다. 봄이의 병은 인내심이 필요한 병이라고 아이들에게 이야기하며 마음을 진정시키고 정신을 차렸다.

'나는 엄마니까 입원 첫날부터 이렇게 울면 안 되지!'

기운 내고 씩씩하게 버텨내야 했다.

내 아이들을 위해서….

봄이를 위해서….

그날 밤. 병원에서 엄마를 찾고 있을 봄이 생각에 거의 뜬눈으로 밤을 새웠다. 오백만 원! 어떤 사람한텐 몇 달 치 월급이다. 2주에 오백만 원인데 6개월간 치료를 해야 한다면 어마어마하게 큰돈이 들어갈 것이다. 지금까지 청소 일을 하시는 엄마가 자꾸 생각이 났다. '큰돈을 강아지한테 쓰는 것이 맞는 건가?' 못된 생각이 가끔씩 나를 괴롭혀서 더 잠이 오질 않았다.

'일단은 살리자! 가족이니까!'

'일단은 최선을 다하자 가족이니까!'

쓸데없는 불안감과 걱정이 나를 흔들 때마다 봄이를 살리자는 각오를 되새기고 되새기며 정신을 차렸다.

눈이 통통 부었다.

왜 나에게 이런 일이 생긴 걸까?

원망스러웠다. 봄이가 없는 적막한 집은 완전 초상집 분위기였다.

봄아! 엄마 믿지!

봄이를 입원시킨 둘째 날, 지난밤 제대로 잠을 이루지 못하며 눈은 퉁퉁 부어 있고 몸은 천근만근 무거웠다. 나보다 더 봄이를 걱정하며 슬픈 밤을 보냈을 아이들 걱정에 무거운 몸을 일으켜 서둘러 밥을 했다. 대충이라도 밥을 먹고 빨리 봄이한테 가보고 싶었다.

두 아이를 식탁으로 불러 놓고 어떻게라도 밥을 먹게 하고 싶었는데 모두 밥 생각이 없다고 했다. 일부러 씩씩한 목소리로 아이들을 위로했다!

"걱정마이! 봄이 나을 수 있어!"

소용없는 위로였다. 나는 틈만 나면 인터넷을 뒤졌다. 처음 들어 보는 'IMHA'라는 병이 뭔지 알아야 이 모든 상황을 이해할 수 있을 것 같았다. 아이들도 이미 'IMHA'라는 병에 대해서 밤새 검색하고 또 검색하며 얼마나 무섭고 힘든 병인지 파악하고 있었다. 남편도 마찬가지. 해외 인터넷 정보들을 검색해서 가족 단톡방에 올려 줬다. 같은 병을 앓았던 강아지들 중에서 완쾌가 되었다는 강아지들도 많아서 희망을 품으며, 봄이가 잘 이겨 줄 거라 믿었다.

수혈을 해야 할지도 모른다는 얘기가 떠올랐다. 어떤 강아지는 수혈만 11번을 받은 강아지도 있다고 해서 제발 그렇게 되지 않기를 바라는 마음뿐이었다. 아무래도 남의 피를 받는 것이 좋지 않을 것 같기도 하고, 솔직히 수혈 비용 때문에 또 고민에 빠지고 싶지 않았다. 병의 원인과 증상들을 검색하면서 생각해 보니 최근 봄이가 무기력증을 보이며 잠을 많이 잤다. 가끔 숨쉬기 힘들어하고 노란색 오줌 색깔을 보였다. 평소 봄이의 상태를 조금만 예민하게 생각해 볼 것을 피오줌을 싸고 나서야 봄이의 건강에 문제가 생겼다는 것을 알았으니, 내 잘못이 너무 컸다. 강아지를 키우는 사람으로서 강아지의 행동변화에 너무 무지했다. 모든 게 후회 뿐이다.

식탐 많은 봄이를 위해 병원에 가기 전에 먹을 것을 만들었다. 닭가슴살을 삶아서 강아지가 먹기 좋게 죽을 만들었다. 밤새 무슨 일이 생기면 병원에서 전화를 준다고 했었는데 아무런 소식이 없어서 다행이었다. 서둘러 봄이가 먹을 것을 챙겨서 아이들과 함께 병원으로 달려갔다. 접수하고 또다시 병원 의자에 앉아서 기다리는 데 큰 병에 걸린 강아지들이 너무 많아 놀랐다. 어쩌면 강아지들의 병이 사람과 이리 똑같을까? 어떤 강아지는 심장병, 어떤 강아지는 치매, 어떤 강아지는 갑상샘 질환 그리고 암까지…. 나를 부르는 소리가 들렸다.

"봄이 보호자님!"
"봄이 보호자님, 방금 봄이 혈액검사 수치가 나왔는데,
　응급으로 바로 수혈해야 하는 상황입니다."

입원 두 번째 날.

봄이의 빈혈 수치는 4.5였다. 심각한 수치였다. 수혈해서 어느 정도 빈혈 수치가 정상으로 회복되어야만 약물을 사용할 수 있다고 했다. 수혈은 약을 쓰기 위해선 꼭 필요한 조치였다.

수혈 준비를 하는 동안에 잠깐 봄이를 볼 수 있게 해줘서 병원 의자에 봄이를 앉히고 집에서 가져온 닭가슴살 죽을 먹여 보려고 했다. 그렇게 좋아하던 닭가슴살 냄새를 맡고도 봄이는 먹지를 못했다. 봄이의 눈동자가 빙그르르 허공을 돌았다. 많이 어지러워하며 고개를 가누지를 못했다. 어쩌면 이렇게 하룻밤 사이에 기력이 떨어지고 안 좋아 질수 있는 건지…. 어떻게든 먹여 보고 싶어서 봄이의 입안으로 밀어 넣어 보았지만, 봄이는 전혀 먹지 못했다.

"봄아 닭고기야! 조금만 먹어봐! 응?"

봄이도 냄새를 킁킁 맡으며 먹어 보려고 하다가도 다시 고개를 위를 향해 돌리며 힘들어했다. 위급상황이라 빨리 산소방으로 돌려보내고, 가져간 닭가슴살을 간호사에게 맡기며 봄이가 좀 회복되면 먹여 달라고 부탁했다.

강아지한테도 혈액형이 있다는 사실을 처음 알았다. 혈액형도 있고, 사람이랑 똑같은 병을 앓는, 소중한 생명이라는 사실이 진하게 와 닿았다.

안타까운 마음으로 면회를 마치고 집으로 돌아와 현관문 번호를 누르는데 또 왈칵하고 눈물이 쏟아졌다. 어제보다 더 큰 눈물이 쏟아졌다. 그렇게 좋아하던 닭고기를 냄새만 겨우 맡고 먹고 싶어도 먹지 못하며 허공을 헤매던 봄이의 눈동자가 어른거렸다. 어제까지도 멀쩡해 보이던 봄이가 오늘은 어제와 완전히 달라진 모습이었다. 하룻밤 사이 몰라보게 약해진 봄이를 보고 왔더니 몸에서 에너지가 빠져나간 것 같아 기운을 차릴 수가 없었다. 침대에 누웠다. 문득 딸이 걱정됐다. 다시 몸을 일으켜 딸 방으로 가보니 멍하니 핸드폰만 바라보고 있었다.

"엄마 아무것도 하기 싫어!, 학교도 가기 싫어!"

이번엔 아들 방으로 가보았다. 덩치 큰, 아들이 벽만 바라보고 눈물을 흘리고 있었다.

"얘들이 왜 이래, 정말??? 봄이가 죽은 것도 아닌 데?"

그런 아이들을 보니 복받치는 슬픔이 터져 나와 짐승 소리를 내며 울고 말았다.

'제발 수혈받고 좋아지길….'

기도밖에 없었는데 기도도 잘 되질 않았다.

입원 셋째 날이다.

수혈을 마친 봄이의 빈혈 수치가 무척 궁금했다. 잔뜩 기대하는 마음으로 의사를 보니, 수혈 후 예상 수치 범위로 상승하지 못했다고 했다. 봄이의 빈혈 수치는 Hgb 7.3, 다시 2차 수혈을 해야 할지도 모르는 상황이긴 하나 조금 더 지켜보자고 했다.

봄이의 몸이 남의 피를 받아들이지 못하고 있다. 심리적으로 가족들과 떨어져서 봄이가 받고 있을 스트레스가 원인인 것 같아서 나는 내가 입고 있던 티셔츠와 봄이의 애착 인형을 산소방에 넣어 줬다. 산소방에서 엄마 냄새를 맡고 애착 인형을 핥아 주며 힘을 내기 바라는 간절한 마음이었다.

'제발 잘 이겨 주길….'

봄이와 같은 병에 걸렸다는 강아지의 견주를 만났다. 그분도 이런 병에 걸리는 이유가 무엇인지 많이 알아봤다고 했다. 아마도 강아지 공장에서 근친상간으로 예쁜 강아지를 뽑아내서 그런 것은 아닌지 예상된다고 이야기했다. 검증되지 않은 이야기이긴 하나 어느 정도 일리 있는 얘기로 받아들였다. 좋아지지도 않고 계속 치료받으며 병원비가 벌써 어마어마하다며 한숨 짓는 그 견주의 모습이 안타까웠다. 위로도 도움도 안 되는 이야기를 듣고 절망만 더 커졌다.

'그 많은 병 중에 하필이면 이리도 무서운 병이 찾아온 걸까?'

그래도 봄이는 이겨낼 것이라 믿고 싶었다. 봄이와 같은 병에 걸렸던 견주의 이야기를 듣고 나니 더 잠이 오질 않았다.

'그래도 해보는 데 까진 해보자! 봄이는 반드시 나아야 한다.'

다시 마음을 굳혔다.

'봄아 엄마 믿지? 엄마도 힘낼게! 우리 같이 힘내자!'

'안락사'는
도저히 못하겠어

입원 넷째 날.

"엄마, 봄이한테 무슨 일 있으면 바로 연락해 줘야 해!"

봄이를 걱정하며 학교 가는 걸 싫어하는 딸을 겨우 달래서 보내고 병원으로 갔다. 출근하다시피 매일 병원으로 가는 것이 일상이 되었다.

봄이의 빈혈 수치는 Hgb 4.5, 수혈하기 전으로 다시 돌아간 수치였다. 봄이는 죽어가고 있었다. 기운 없이 엎드려 있는 봄이를 먼발치에서 지켜보며 어떻게 해야 하나…. 더 이상 아프지 않게 '안락사'를 시켜줘야 하는 건 아닌지 고민이 됐다.

내가 만약 '안락사'를 선택한다면, 아마도 아이들은 병원비가 아까워서 강아지를 죽이려고 한다고 생각할 것이다. 뻔한 일이었다. 그리고 자기들이 앞으로 큰 병에 걸리게 되면 그때도 엄마가 병원비를 아까워할지도 모른다고 생각할 것 같았다. 그렇다고 봄이의 병을 고치기 위해 한 번에 80만 원이나 하는 수혈을 계속할 수도 없는 노릇이고 효과도 없는 불필요한 연명치료를 하며 봄이를 더 괴롭히는 건 아닌지 생각을 안 할 수가 없었다. 자연스럽게 봄이가 가야 할 그날에 무지개다리를 건너는 것이 가장 좋은데…. 지켜보며 기도하는 방법 말고는 할수 있는 것이 없었다.

사람의 생명도 그렇고, 강아지의 생명도 하나님이 정하신 그 날이어야 한다고 생각했다. 그 시간을 함부로 사람이 정해서는 안 된다는 생각 말이다. 이러한 나의 고민을 가족 누구에게도 말하지 못했다. 봄이의 고통을 덜어주기 위함인지, 병원비를 덜기 위함인지…. 무엇이 정답인지, 알 수 없는 긴 고통의 터널을 혼자서 이겨내야만 했다.

이런 상황에서 다른 사람들은 어떤 선택을 하는지 인터넷을 뒤적였다. 3년째 뇌 병변으로 아픈 강아지를 안락사 시켜달라고 동물병원에 요청한 뒤에 두 달째 동물병원에 안 나타나서 지금까지 동물병원에서 그 강아지를 돌보고 있다는 사연을 보았다. '참, 책임 없는 견주구나.'라고 생각했다. 그런 식으로 동물병원에 버려지는 강아지들과 길거리에 버려지는 강아지들이 점점 많아지고 있다고 한다. 어찌 되었건 긴병에 효자 없다는 얘기가 있듯이 긴병으로 인해 그 끝을 알 수 없는 고통으로 강아지를 버리는 것을 선택하는 현실이 참으로 참혹했다. 그래도 병원이나 길거리에 버리는 것만은 안 했으면 좋겠다. 오죽하면 그랬을까? 라는 생각도 하지만, 남편이 내 평생 반려자인 것처럼, 집에서 키우는 강아지는 '반려동물'이다.

안락사에 관한 주변 지인들의 이야기를 들었다. 모두가 너무 슬프고 안타까운 사연들이었다.

　15년간 같이 살던 강아지가 심장 이상 때문에 발생하는 '심신부전' 말기로 너무 고통스러워해서 조금 덜 아프게 해주려고 안락사를 선택했고, 그것을 지켜보던 시어머님이 집으로 돌아오는 길에 쓰러지셔서 갑자기 하늘나라로 가셨다는 사연을 들었다. 15년간 자식처럼 키우던 강아지를 안락사 시키고 말할 수 없는 고통과 죄책감이 밀려와 그만 쓰러진 것이다. 아직 숨을 쉬고 있는데 안락사를 선택해서 반려동물을 보낸 후 견주들이 느끼는 죄책감은 이루 말할 수 없다는 사연들이 대부분이었다.

　강아지의 마지막 순간도 천차만별이라고 한다. 조용히 자다가 가는 강아지도 있고, 몇 시간가량을 울부짖으며 엄청나게 고통스러워하다가 죽는 강아지도 있다고 한다. 어떤 견주들은 귀가 떨어져 나갈 정도로 꽤액꽤액 소리를 지르며 엄청나게 아파하는 강아지의 고통을 덜어주기 위해서 안락사를 진행해 큰 고통 없이 갈 수 있게 보내주는 때도 있다고 했다.

　반려견이 큰 병에 걸리면 다 비슷한 상황들인 것 같다. 강아지들이 걸리는 병들도 가지각색으로 사람이랑 똑같고, 어떤 병인지 검사하기 위한 비용도 보통 일백만 원은 훌쩍 넘는다. 치료비용 및 수술비용까지 이천만원 을 넘겼다는 견주들 이야기도 많이 들었다. 회사 다니며 암에 걸린 강아지를 치료하던 어떤 분은 치료비 감당이 안 돼 안락사를 선택해야만 했다고 매우 슬퍼하는 글도 봤다. 현실적인 문제들이 답답하게 내 마음을 조였다.

많은 사연들이 모두 다 내 얘기 같았다.

'나는 어떻게 해야 하나···.
무엇이 봄이를 위한 것이고,
무엇이 나와 가족을 위한 것인지···.'

강아지는 강아지일 뿐이라는 남편의 얘기가 머릿속을 맴돌았다. 마음을 냉정하게 먹고 있어도 자꾸만 흔들리는 내가 너무 싫었지만, 어떠한 상황이 와도 안락사는 절대 안 한다고 생각을 굳혔다.

입원 다섯째 날.

봄의 빈혈 수치는 어제보다 더 떨어진 Hgb 3.6, 의사는 봄이의 상황이 수혈해도 몸에서 받아들이질 못하는 상황이라 봄이 스스로 이겨내 주길 바랄 뿐이라고 했다.

이제 세 살밖에 안 된 어린 강아지 봄이에게 내가 더 이상 어떻게 해줘야 할지, 아무것도 할 수 없는 긴 하루의 연속이었다. 차라리 집에 데려가고 싶었다. 집에 가면 좀 좋아지지 않을까?하는 생각이 들었지만, 그 상황에서 퇴원했다가 봄이가 집에서 죽기라도 하면 어떻게 하나 겁이 났다. 혼자 있는 시간이 많을 때라서 그 슬픔과 두려움을 감당해 낼 자신이 없었다.

응급상황이 되면 연락해 준다는 의사의 이야기는 마음의 준비를 하고 있으라는 이야기처럼 들렸다. 하지만, 마음의 준비를 어떻게 해야 하는지도 몰라 그저 멍할 뿐이었고, 왜 이런 고통과 슬픔이 나에게 찾아왔는지 자꾸만 원망스럽기만 했다. 시아버님이 돌아가신 후 얼마 안 돼서 봄이까지 이러니 내가 무슨 큰 죄를 지어서 벌을 받는 것만 같았다.

온 집안 곳곳이 봄이가 콩콩 뛰어다니며 놀던 곳이다. 가만히 혼자 소파에 앉아 주위를 돌아보면 눈길 가는 곳마다 봄이가 눈에 밟혔다. 헉헉거리며 눈물을 거실 바닥에 쏟아 냈다. 정신 나간 사람처럼 하염없이 울고 또 울었다. 왜 강아지는 사달라고 해서 나를 이렇게 힘들게 만들었는지, 아이들도 남편도 모두 원망스럽기만 했다.

봄이의 마지막 순간이 다가오면 가족 모두 함께하길 바라는 기도가 저절로 나왔다. 가족들의 품속에서 편안하게 보내주고픈 간절한 기도였다. 마음의 준비를 했다.

친정 아빠, 시아버님 돌아가실 때보다 더 슬픈 것 같았다.

그 어린걸, 그 예쁜걸, 어떻게 보내주어야 할지···.

"하나님,
  저에게 기적을 허락해 주옵소서."

'기적'이 찾아왔다

봄이에게 무슨 일이 생길지 모른다는 불안함으로 며칠 동안 자는 둥 마는 둥 해서인지 머리가 지끈지끈했다. 은행도 가야하고, 우체국도 가야하고 할 일이 많은 날이었다. 봄이의 떨어지는 빈혈 수치 때문에 마음이 급했다. 서둘러 할 일을 마치고 봄이 병원에 가보고 싶었다.

아침 일찍 핸드폰 벨이 울렸다. 동물병원이었다. 이 시간에 병원 전화라면 분명히 응급상황이라는 전화인 것이다. 오지 않기를 바라던 전화였다.

"여보세요?"
"봄이 보호자님. 봄이가 응급상황입니다. 빨리 오셔야겠어요.!"

역시, 예상이 맞았다. 손이 부들부들 떨렸다. 우체국에 볼일을 보러 가다가 바로 병원으로 달려갔다. 병원에 도착했더니 봄이 입을 벌리고 인공호흡을 하고 있었다. 입천장이 훤히 보이게 누워있는 봄이의 모습을 눈물이 가렸다.

"봄아!"

봄이를 부르며 엉엉 울었다. 인공호흡을 받던 봄이 내 목소리를 들었는지 움찔했다.

"봄아, 힘내! 봄아…. 봄아!"
"봄이에게 저산소증이 왔는데, 이 상태라면 3시간 정도 밖에는 못 살 것 같습니다. 준비하셔야겠어요."

'드디어 올 것이 왔구나.!'라는 생각에 지금쯤 학교에서 공부하고 있을 딸 생각이 났다. 봄이에 대한 사랑이 끔찍한 딸이 봄이의 마지막을 못 보게 될 것 같아 안타까웠다. 아직 잠을 자고 있을 아들에게 전화했다. 아들도 봄이 때문에 깊이 잠 못 들고 있었는지 한 번에 전화를 받았다.

"아들, 봄이가 갈 것 같아! 얼른 병원으로 와."

마음을 진정하고 자식의 장례 준비를 해야 했다.

"선생님 혹시 봄이가 죽게 되면 하루만 병원에서 맡아 주실 수 있나요? 내일 딸아이가 학교 마치고 돌아오면 함께 장례를 치러주고 싶어요."
"네. 그렇게 하세요. 어머니."

의사와 봄이의 상태에 대해 이야기하고 있던 중, 다른 의사가 봄이의 호흡과 혈압이 정상으로 되돌아왔다고 했다. 마침 아들이 도착했다. 아들과 함께 다시 봄이를 봤다.

"봄아! 봄아."

계속 이름을 불렀다. 봄이가 내 얼굴 한번 보고 아들 얼굴 한번 보고, 힘없이 번갈아 우리를 보았다.

"엄마 어디 갔었어,
왜 이제야 온 거야.
나 좀 살려줘, 엄마!"

봄이의 말이 들리는 것 같았다. 보고 싶었던 엄마한테 당장 안기고 싶은데, 기운이 없어서 달려오지 못하는 어린 아가의 마음이 보였다. 봄이가 우리의 목소리를 알아듣는지 우리가 말을 할 때마다 봄이의 귀가 쫑긋쫑긋 세워졌다.

"봄아!!"

봄이는 너무나 슬픈 표정으로 계속해서 엄마 얼굴과 오빠 얼굴을 번갈아 봤다. 마치 마지막 인사라도 하는 듯이 보였다. 그때 봄이를 담당하는 의사가 나를 불렀다.

"봄이 보호자님, 다행히 위급상황은 넘겼습니다. 이제 맥박과 호흡이 어느 정도 정상으로 돌아왔습니다. 봄이의 상황이 이렇게까지 온 이상 마지막 기적을 바라는 마음으로 한 번 더 수혈을 해보고 싶습니다. 마침 봄이에게 2차 수혈을 위해 준비해둔 피가 있으니 일단 한 번 수혈을 해봤으면 좋겠습니다. 이것이 효과가 있을지 없을지 저희도 모르는 상황이어서 이번 수혈 비용은 계산 하지 않겠습니다."

'기적'이라는 의사의 말은 지금 봄이의 상황이 어떤 상황인지 짐작할 수 있게 했다.

"그렇게 해주세요!"

힘없이 대답했다. 기적이 올 리가 없었다. 복불복이었다. 만약 봄이가 수혈 중 죽게 되더라도 0.1%의 희망을 안고 수혈을 한 번 더 해봐야 답답함과 미안함이 사라질 것 같았다. 봄이를 포기하지 않고 끝까지 해보자고 이야기하는 의사에게 너무나 고마웠다. 전날 봄이의 빈혈 수치가 Hgb 2.5, 봄이의 빈혈 수치는 거의 0을 향해 달려 내려가고 있는 것을 알고 있었기에 그저 모든 것을 하늘에 맡기고 기적이 일어나기를 간절히 기도했다.

"댁에 가셔서! 기다리세요. 응급상황을 넘겼기 때문에 괜찮을 거라 보고 수혈하는 과정 과정마다 전화나 문자로 상세히 안내해 드리겠습니다."

친절한 의사의 이야기가 조금은 위로가 되었다.

몇 시간이 지난 후 수혈을 받는 봄이의 사진과 함께 반가운 문자가 왔다. 지난번과는 달리 봄이에게 혈액이 쑥쑥 잘 들어가고 있다고 했다. 남의 피를 거부하는 봄이의 몸 상태를 알기에 아주 천천히, 천천히 봄이의 몸 안으로 두 번째 혈액이 스며들고 있음을 느꼈다. 왠지 예감이 좋았다.

아까 보았던 봄이의 눈빛이 생각났다. 엄마와 오빠의 얼굴을 보고 나서 봄이가 힘을 내는 것 같았다. 가족들과 떨어져서 받는 스트레스가 봄이를 더 악화시키고 있었던 건 아닐까? 라는 생각에 통원 치료도 생각해 보았지만, 적혈구가 깨지는 병이라 산소공급 때문에 통원 치료는 위험하다는 것을 봄이가 이해 할 리가 없었다.

"봄아 힘내! 힘내 봄아!"

다음 날, 수혈을 마친 봄이의 빈혈 수치는 Hgb 10.4….

"와우!"

"봄이, 한고비는 넘겼습니다. 이제 약만 잘 받아들이면 됩니다."
"선생님 감사합니다. 감사합니다."

봄이의 몸 안으로 들어간 혈액이 힘을 발휘했다. 제로에 가까웠던 봄이의 빈혈 수치가 정상을 향해 올라갔다. 3시간밖에는 살 수 없다던 봄이에게 기적을 바라는 마음으로 마지막 희망을 안고 시행했던 수혈이었다.

봄이가 살아나고 있었다.

우리 가족에게 '기적'이 찾아왔다.

막내 '봄'이를 위하여

기적을 바라는 마음으로 시작된 두 번째 혈액 공급이 효과를 발휘해서 이제 봄이의 병을 고칠 수 있는 약을 쓸 수 있는 단계에 도달했다.

이제부터 시작이다.

봄이가 이제부턴 약물을 잘 받아들여서 면역이 억제되어야 했다. 1단계 면역억제제 MMF 투여가 시작되었다. 약물 투여 후 떨어지는 봄이의 빈혈 수치를 잡기 위해 다시 2단계 면역억제제 투여. 그리고 3단계, 4단계. 쉽게 잡히지 않는 봄이의 빈혈 수치가 마지막 제일 높은 단계의 약물을 사용한 다음에서야 잡히기 시작했다. 두 번째 수혈 후 5일 만에 좋아진 봄이의 수치는 Hgb 13.5, 그 후로 봄이의 수치는 더 이상 떨어지지 않고 정상 수치를 향하여 쭉쭉 올라갔다. 두 번째 수혈 12일 만에 봄이의 빈혈 수치는 Hgb 22.5, 어느새 봄이의 귀와 잇몸 색깔이 분홍빛으로 돌아왔다.

병원에서 봄이에게 약이란 약은 모두 쓰고 있는 이때, 의사는 봄이 스스로 의지력을 가지고 이겨내 줘야 한다고 했다. 봄이도 힘을 내고 있다는 것을 하루하루 달라지는 빈혈 수치로 증명해 주었다.

봄이를 담당하고 있는 의사는, 이제, 봄이가 퇴원하고 집에서 통원 치료를 해도 된다고 했다.

드디어 퇴원하는 날.

입원 3주 만에 봄이를 안아 볼 수 있게 되어 아침부터 가슴이 두근거렸다.

"봄아! 엄마!"

환하게 웃으며 의사 선생님이 봄에게 이야기했다. 많이 야윈 봄이가 내게 달려왔다.

"고생했어! 우리 봄."

뜨거운 눈물이 그 새 자란 봄이의 털을 적셨다.

30년 같은 3주를 보낸 듯했다. 3시간 밖에 못 살 것 같다고 해서 엉뚱하게도 장례식장까지 알아보고 했는데, 기적 같은 일이 우리 가족에게 생겼다.

하염없이 눈물을 흘리고 있는 나의 품속으로 쏙 들어온 봄이의 촉감은 부드러운 실크 같았다. 봄이를 위하여 애써 주신 의사와 병원 근무자들에게 고맙다는 인사를 하고 집으로 돌아오는 발걸음은 무엇이라고 표현할 수 없을 만큼 가벼웠다.

셋, 행복한 시간도 잠시

'IMHA'라는 병은 재발이 잘되는 병이라서 통원 치료하면서 약을 잘 먹이는 것이 중요했다.

아침, 저녁 사명감을 가지고 빠짐없이 약을 먹이고 보양식으로 닭가슴살, 소고기, 간 등 아픈 강아지들을 위한 인터넷 카페에서 얻은 정보를 이용해 정성스럽게 봄이를 보살펴 주었다. 하지만, 안타깝게 스테로이드 부작용으로 링거와 주사를 맞았던 봄이의 앞다리와 뒷다리 그리고 목덜미에 '혈관염'이 생겼다. 봄이의 피부가 검게 괴사 되고 있었다. 적혈구 파괴로 산소가 부족해서 생기는 후유증이었다.

'혈관염'을 치료하기 위해 매일 아침과 저녁, 두 번씩 병원을 다녔지만, 하나도 힘들지 않았다. 한번 치료받을 때 마다 드는 비용이 만원. 2주에 한 번씩 혈액 검사 비용은 매번 20만원을 훌쩍 넘었다. 이미 예상했던 병원비의 한도가 많이 초과 됐지만, 봄이가 점점 좋아지고 있어 돈은 아깝지 않았다.

봄이를 살리려고 온 가족이 동참했다. 치료비가 많이 들어서 봄이를 포기할까 갈등하고 있을 때, '용돈 안 줘도 되니까, 봄이 살리자!'라고 말했던 아들이 군대 가기 전 휴학을 했던 터라 아르바이트 하러 다녔다. 처음엔 주방에서 4시간 동안 닭을 절단하며 주방 일을 돕는 치킨집 아르바이트였다. 그런 일을 한 번도 안 해본 아들에게 쉽지 않은 일이었겠지만, 봄이를 위한 아들의 노력이 가상하고, 많이 고맙고, 미안했다.

치킨집에서 닭을 자르는 일이 쉽지 않았던 아들은 다시 편의점 아르바이트를 했다. 부지런하고 성실해야 하는 일이었다. 계산능력도 있어야 했고 친절해야 하는 일이라고 생각했다. 어린 줄만 알았던 아들이 동생 봄이를 위하여 척척 일을 해냈다. 일을 마치고 집에 돌아와 점점 좋아지고 있는 봄이를 쓰다듬어 주고 놀아 주는 아들에게서 평안함을 느꼈다. 봄이가 죽을까 봐 벽만 보고 누워 소리 없이 눈물 흘리던 아들이, 살아서 숨 쉬며 뛰어노는 봄이와 함께 웃는 얼굴을 보는 행복은 매일 두 번씩 병원을 다니는 나의 피로를 씻어주었다.

딸도 용돈의 반을 반납하며 넉넉지 않은 자취생활을 했다. 동생의 병원비에 용돈의 반을 내놓으며 주말마다 커피숍 아르바이트를 했다. 강아지 봄이에 대한 딸의 사랑은 대단했다. 얼마 안 되는 용돈에도 봄이의 옷, 간식, 장난감, 강아지 집 등 봄이에게 필요한 물품은 거의 딸이 마련했다. 강아지를 바라보는 딸의 표정과 목소리 또 그 사랑의 표현을 볼 때 평상시 무뚝뚝해 보이던 딸한테 저런 면이 있었나? 하는 생각이 들 정도로 신기하고 기특했다. 이렇게 아이들까지 함께 봄이를 살리기 위해 애를 써주니 나도 봄이 간호에 집중했다. 병원비가 2주에 오백만 원이 들었다는 소리에 자신 없어 하던 남편도 아이들의 노력과 좋아지고 있는 봄이를 보면서 힘을 보태줬다.

봄이를 살리기 위해 애써 준 의사와 막내를 살리기 위한 온 가족의 노력 덕분에 독한 면역억제제를 복용해서 하늘 높은 줄 모르고 솟아오르던 봄이의 간 수치도 점점 내려오고 있었다.

봄의 약을 점차 줄여가며 아슬아슬한 긴장의 시간은 계속 흘렀다.

'후유증'과 '완치'

"봄이 보호자님, 봄이에게 약 먹일 때 이 약이 독해서 손에 약이 묻지 않게 조심하셔야 합니다."
"예!"

'아! 그 정도로 독한 약을 우리 봄이 먹고 있었구나….'

봄이가 퇴원한 후 봄이의 '혈관염' 치료와 투약은 가장 중요한 일이 되었다. 봄이가 죽고 사는 것이 내가 어떻게 하느냐에 달렸기 때문에 모든 것을 봄이에게 집중했다. 이렇게 독한 약을 먹으며 지금까지 살려고 견뎌 준 봄이를 위해서 이제부터 나의 정성으로 봄이를 살려야할 시점이었다.

매일 아침저녁, 봄이의 혈관염 치료를 위해 병원에 다녔다. 봄이에게 약을 먹이는 시간도 철저하게 지켰다. 사람을 만나는 일도 잠시 미루고 봄이의 병을 고치는 일에만 전념했다. 봄이의 모든 수치는 점점 좋아지고 있었지만, 링거 꽂았던 자리에 생긴 혈관염은 점점 심해졌다. 한두 군데가 아니었다. 목덜미와 앞다리 그리고 뒷다리 부분에 점점 커지는 혈관염 치료를 위해 아침저녁으로 드레싱을 하러 열심히 다녔다. 하지만, 혈관염은 결국 피부 괴사로 이어졌다. 앞다리와 뒷다리에 붕대를 칭칭 감고 지내는 봄이는 혈관염과 싸우고 희귀병과도 전쟁을 치르고 있었다. 심장과 먼 뒷다리의 괴사가 좀 더 심해지더니 결국 인대가 녹아 내렸다.

봄이가 죽을지도 모른다는 상황이 되었을 때 딸이 말했었다.

"엄마, 봄이가 누워만 있더라도 살아만 있어 줬으면 좋겠어."

뒷다리 하나를 못 쓰게 된 것이 안타깝지만, 그래도 살아 있어서 만질 수 있고, 볼 수 있고, 함께 할 수 있다는 사실에 감사했다. 집안에서 뛰어다니기 좋아하고, 놀기 좋아하는 봄이는 그때부터 스스로 세 다리로 몸의 균형을 잡아가면서 활동을 했다. 그런 아이의 모습이 안타까워 외과 진료를 받았다.

"인대를 복원 수술해도 예전처럼 다시 돌아오기는 힘듭니다. 이런 경우 차라리 보조기를 착용해서 걷게 해주는 것이 좋을 것 같아요."

외과 의사의 이야기에 또 한 번 하늘이 무너져 내렸다. 평생 내 아이가 '장애'를 안고 살아야 한다는 이야기였다. 인대 복원 수술을 하면 될 것 같은 희망을 가졌지만, 결국 수술해도 소용없다는 의사의 이야기에서 느껴지는 좌절감을 무엇이라 표현해야 할지…. 큰 병에 대한 후유증이 너무 컸다.

다친 강아지들을 위한 보조기 전문 업체를 찾아갔다. 한쪽 다리를 못 쓰는 강아지의 몸의 균형을 잡아 주기 위해 보조기는 필수였다. 보조기 가격도 만만치 않았다. 병원비부터 퇴원 후 통원치료비, 검사비까지 모두 얼마가 들었는지…. 보조기까지 구매하게 돼서 자꾸만 남편한테 미안해졌지만, 아무 생각 안 하고 봄이의 완쾌만 생각했다.

보조기를 착용하는 것은 봄이에게 힘들고 불편한 일이었다. 집안에서도 보조기를 착용하고 있어야 하는데 봄이가 가족들이 안 보는 틈에 비싼 보조기를 이빨로 물어 뜯기도 했다. 보조기를 했다가 풀어주면 아픈 그 다리를 엄청나게 핥았다. 보조기를 채우는 자리에 굳은살이 생길 때까지 피도 나고 상처도 나면서 엄청나게 아파했다. 봄이가 겪는 시련을 바라보는 내 마음도 굳은살이 박일 때까지 무척 아팠다. 그렇게 봄이와 나는 보조기와 친해지며 투병 생활을 계속 했다.

봄이는 한 가지 면역억제제만으로는 효과가 없어서 여러 종류의 면역억제제를 투약해야 했다. 약을 한 가지 종류만 투약해도 좋아지는 강아지가 있기도 하고 우리 봄이처럼 여러 종류의 약을 투약해야 좋은 반응을 얻는 강아지들도 있다. 이렇게 여러 종류의 약을 투약하게 되면 부작용이 심하고, 치료 기간도 길어진다. 치료반응이 좋아졌다고 약을 한꺼번에 끊으면 안 되고 천천히 하나씩 줄여나가야 했다. 이렇게 면역억제제를 줄여나가는 과정에서 재발하는 경우도 많고 또 다른 부작용이 발생할 수 있는 매우 위험한 병이기 때문에 긴장을 놓을 수 없었다. 그것 때문에 일주일에 한 번씩 피 검사받을 때마다 온 가족이 긴장하며 노심초사 마음고생을 했다. 특히, 봄이의 소변 색깔과 대변 체크는 필수였다. 아침에 배변 패드의 소변 색깔이 맑은 물 같은 색깔이면 그날의 기분은 최고였다. 우리 강아지 봄이가 건강하게 잘 살아나고 있다는 증거였기 때문이다. 그렇게 봄이는 불구의 몸으로 독한 스테로이드 약을 잘 이겨내 주었다.

발병 후 6개월 정도 되었을 때 봄이의 모든 수치는 정상이 되었다.

스테로이드 약 때문에 터질 것처럼 빵빵하게 불렀던 배도 자연스럽게 돌아오고, 독한 약 때문에 간에 무리가 와서 무섭게 치솟던 간 수치도 정상으로 돌아왔다.

"완치되었습니다."

얼마나 기다렸던 말인가? 의사의 노력과 가족들의 사랑으로 얻은 결과였다. 적혈구 파괴로 급사하기 쉬운 희귀병을 봄이가 이겨내 주었다. 우리 모두의 승리였다. 기적이었다.

"이제는 약을 안 먹어도 됩니다."
"정말요? 이제 우리 봄이 다 나은 건가요?"
"예 그렇습니다. 워낙 재발이 잘 되는 병이기 때문에 정기적으로 오셔서 검진받으세요."
"네. 선생님. 감사합니다. 감사합니다."

셋, 행복한 시간도 잠시

'감사합니다.'는 인사말뿐만 아니라 엎드려 절이라도 하고 싶은 심정이었다. 잘 이겨 내준 봄이를 끌어안으며,

"고마워, 봄아!
우리 이제 병원에 안 와도 된데…."

봄이의 뒤통수에 연신 뽀뽀해대며 기쁜 소식을 가족들에게 알렸다. 가족 단톡방에는 기쁨의 이모티콘이 훌훌 날아다녔다.

소중한
내 새끼, 내 막내 딸

    재발 위험률이 높다는 'IMHA, 면역 매개성 용혈성 빈혈'이라는 병으로 3시간 밖에 못 산다고 이야기하던 상황에서 다시 살아난 우리 강아지 봄이는 완전히 회복되었다. 가족 모두가 지치고 힘들 때마다 봄이를 보며 웃음을 찾을 수 있었다. 봄이는 우리 가족이 더 끈끈해 질 수 있도록 매개체 역할을 잘 해주었다.

    큰 병을 한번 치르고 나더니 봄이의 예쁜 짓은 나날이 더 귀여워졌다.

    "크헉! 푹, 커헉! 푹"

    한창 자고 있는데 어디선가 신랑의 코 고는 소리가 아닌 다른 이의 코 고는 소리가 들렸다. 설마 하며 일어났더니 발밑에서 자고 있던 봄이의 코 고는 소리였다. 그 모습이 어찌나 예쁜지, 가만히 핸드폰을 가까이 대고 봄이가 코 고는 소리를 녹음했다. 아침에 일어나는 딸에게 이야기했다.

"너 봄이 코 고는 소리 들어봤어? 새벽에 엄마가 봄이
코 고는 소리 때문에 깜짝 놀라서 깼어."

그 말을 듣고 딸은 박장대소하며 웃었다.

"어머머 진짜?"
"응, 그래서 엄마가 녹음했어."

핸드폰에 저장된 봄이의 코 고는 소리를 듣더니 딸은 좋아서 어쩔 줄 몰라 했다.

"앙!! 귀여워."

행복이 따로 없었다. 봄이의 존재가 행복이었다.

봄, 여름, 가을, 겨울 사계절을 봄이와 함께 산책했다. 봄이 아니면 귀찮아서 산책갈 일이 없었던 내가 봄이 때문에 일부러 걷기 운동을 하게 되었다. 장애를 가진 몸으로 보조기에 의지하며 걷는 뒷모습을 볼 때마다 가여운 마음은 어쩔 수가 없었다. 산책길에서 만나는 강아지들의 건강한 다리를 보면 부러웠다. 우리 강아지 봄이가 보조기를 착용한 것을 보고는 사람들이 많이 물었다.

"어머 다리 다쳤어요? 우리 강아지도 슬개골을 다쳐서
병원에 다녔어요."

의외로 강아지들이 뛰어놀다가 슬개골이 탈골되어 수술하는 경우가 많다고 한다. 그럴 때 보조기 착용을 많이 해준다. 과거 봄이가 뛰어다니는 걸 좋아해서 염려되는 병 중에 가장 걱정되는 것이 '슬개골 탈구'였다. 그래서 침대나 소파에서 뛰어 내리지 못하게 하고 강아지용 계단을 구매했다. 딸이 용돈을 아끼지 않고 사 온 봄이 물건이었다.

다행히 봄이를 키우는 동안 '슬개골 탈구'는 없었지만, 봄이의 뒷다리가 그렇게 된 후로 3년 정도 지나니까 봄이의 앞다리 모양이 완전히 변형되었다. 다리 세 개로 몸의 균형을 잘 잡아야 하기 때문에 앞다리의 모양이 활모양으로 삐딱하게 구부러졌다. 집에서도 보조기를 착용하고 있어야 했는데, 보조기 착용을 오래 하고 있으면 봄이가 불편함을 못 참고 물어뜯기도 해서 집에서 생활할 땐 보조기를 풀어 줬더니 결국 앞다리가 활모양으로 굽은 것이다.

다리 한쪽이 불편해도 봄이가 살아있음에 감사했다.

봄이를 만질 수 있음에 감사했다.

봄이를 안아 볼 수 있음에 감사했다.

하지만, 활처럼 굽은 봄이의 다리는 마음 한구석을 늘 아프게 했다. 인내심을 가지고 집에서도 보조기를 착용하고 지낼 수 있도록 했어야 했다. 독하지 못한 내 성격 탓이기도 했다.

봄이의 병은 워낙 재발이 잘된다는 병이다. 대부분 1년 안에 재발하는 경우가 많다고 하던데, 우리 봄이는 예외라는 생각이 들 정도로 완치 후 3년이 지났는데도 건강한 모습으로 잘 지냈다. 이제 병원에 안 와도 된다는 의사의 이야기를 들은 뒤로는 예방접종 외에 또 다른 질병으로 병원에 간 적이 없었다. 재발할지도 모른다는 사실조차도 잊고 살았다.

어느 날, 내가 너무 안이하게 지내고 있는 것을 깨닫고 아픈 반려동물들을 위한 인터넷 카페에서 봄이와 같은 병을 앓고 있는 견주들의 사연을 읽었다. 완치되었다가 재발한 강아지들에 대한 사연이 많았다. 강아지의 병을 고치기 위해 여러 차례 수혈을 받고 있다는 아픈 사연을 읽으며 그 마음이 어떨지 충분히 잘 알기에 눈물이 났다.

보통 '면역 매개성 용혈성 빈혈'에 걸리면 급사하기 쉬운 병이라서 강아지들이 중환자실에서 집중 치료를 받게 된다. 대출받아 어마어마한 병원비를 감당해 내는 어느 견주의 글을 보면서 옆에 앉아 있는 봄이를 쓰다듬어 주었다.

문득, 다시 병이 찾아올까 두려워졌다. 또다시 그 아픔을 견딜 자신도 없고 그 큰돈을 써야 할 이유 앞에 작아질 내 자신이, 그런 상황이, 무엇보다 싫었다. 다시는 겪고 싶지 않았다. 완치되었다고 긴장을 놓으면 안 되는 중요한 이유였다.

아픈 강아지들의 글을 많이 읽어서인지, 껌딱지처럼 엉덩이를 내 허벅지에 딱 붙이고 앉아 있는 봄이의 모습이 사랑스럽고 고마워서 봄이를 꼭 껴안았다. 봄이의 귓가에 애원하며 속삭였다.

"봄아 엄마랑 오래오래 같이 살자? 아프면 안 돼?"

간절한 마음이었다.

언제부턴가 이 말이 내 입에서 자주 나왔다. 봄이 없으면 못살 것 같은 생각이 뭉클뭉클 불안하게 올라왔다.

　기분이 좋으면 아이들의 입술에 뽀뽀를 잘하는 봄이가 이제는 내 입술에도 뽀뽀를 하려고 했다. 엄마 입술은 아빠 꺼 라고 어릴 적부터 절대 내 입에는 뽀뽀를 못하게 교육을 했던 터라, 뽀뽀를 하려다가도 '아차!' 하며 움찔거리며 영리하게도 내 입술에는 뽀뽀를 안 했었는데…. 봄이도 시간이 가면 갈수록 엄마의 소중함을 느끼고 있는 건지 애정 표현을 거침없이 하려고 했다. 나는 딸처럼 봄이한테 뽀뽀를 하거나 하는 그런 애정 표현을 잘하지 못했다.

　시간이 갈수록 더 소중해지는 나의 껌딱지 봄이를 꼭 껴안고 나도 모르게 입술이 앞으로 쭉쭉 나갔다.

　"아이고, 예뻐…. 아이고, 예뻐!"

　너무 예쁜 '봄'.

　소중한 내 새끼.

　내 막내딸.

넷,

또다시
찾아온 어둠

이상한 느낌

봄이가 퇴원하고 4년 정도 흘렀다.

봄이 나이 8살, 사람 나이로 치면 중년의 나이가 되었다. 봄이도 여기저기 아파질 나이가 된 것이다. 잠시 잊고 있었던 봄이의 병이 재발할까 봐 언제부턴가 자꾸만 걱정되기 시작했다. 그때마다 습관처럼 확인하던 봄이의 오줌 색깔을 더 자세히 확인했다. 맑은 오줌이었다. 처음 발병했을 때 노란 오줌을 싸다가 피 오줌을 쌌기 때문에 오줌 색깔은 중요했다. 가끔 검은 똥을 싸거나 검정색 설사를 할 때가 있어서 혹시나 하는 마음에 사진을 찍어두고 관찰을 하다보면, 그러다 괜찮아지곤 했다. 일단 오줌 색깔이 좋았기 때문에 큰 걱정은 안했다. 간식도 잘 먹고, 사료도 잘 먹고, 잘 놀고, 잘 자고 크게 걱정할 일이 없었다.

어느 날, 몸의 중심을 잡느라 점점 활모양 으로 휘어지는 봄이의 앞다리가 유난히 휘어지며 몸이 무거워 보였다. 잠자는 시간이 좀 늘었다는 생각이 들긴 했어도 우리 식구들이 워낙 늦게 자는 바람에 봄이도 늦게까지 잠을 자는 거라 생각했다.

습관처럼 봄이의 분홍빛 귓속 색깔을 확인하고 잇몸 색깔을 자주 보는데 그날따라 약간 색깔이 흐릿해 보였다.

'완치 후 4년이나 지났는데 설마…. 아냐 그럴 일은 없을 거야.'

이상한 느낌이 들었지만, 나의 예민함 때문이라 생각했다.

그로부터 10일 후, 명절 연휴 마지막 날 한가하게 남편과 함께 소파에 앉아 TV를 보고 있는데 딸 방에서 자던 봄이가 일어나 아픈 다리를 절뚝이며 내게 다가와 내 옆자리에 자리를 차지하고 앉았다. 봄이의 보드라운 털을 만져주며 TV에 집중하고 있었는데 갑자기 가만히 앉아 있던 봄이가 힘없이 소파 아래로 뚝! 하고 고꾸라졌다. 나는 너무 놀라서 얼른 봄이를 끌어안았다. 봄이가 지그시 눈을 감고 힘없이 내 품에 안겨 있는 모습을 보고 남편이 말했다.

"아무래도 얘 이상한데?"
'드디어 올 것이 왔구나.'

한 달 전부터 봄이 몸에 자꾸 피부병이 생겼었다. 붉은 좁쌀 같은 반점들이 배와 다리에 생겨서 병원에 갔더니 전에 앓던 병이 재발한 것일 수도 있으니 잘 관찰하라는 이야기와 함께, 만약 이 약을 먹고 효과가 없으면 IMHA가 다시 찾아온 것이라는 이야기가 있었다. 다행히 피부병약을 먹고는 봄이의 붉은 반점들이 싹 사라져서 다행으로 생각하고 안심했다. 그런데 며칠 후 또다시 피부병이 생겨서 병원에 갔더니 붉은 반점이 멍처럼 크게 번지는지 잘 관찰하라는 이야기를 들었다.

넷, 또다시 찾아온 어둠

'겁나게 자꾸 재발 얘기를 하시나….'라는 생각에 기분은 안 좋았지만, 워낙 재발할 확률이 높은 무서운 병이라서 불안한 마음에 의사의 이야기를 귀담아들었다.

다시 피부병약을 먹인 지 4일째 되던 날이었다. 평상시 같으면 약을 먹이고 벌써 효과가 생겼을 때인데 봄이의 배에 계속해서 붉은 반점들이 많았다. 그래서 이쪽저쪽 유심히 살펴보던 중 봄이의 안쪽 허벅지에서 멍처럼 생긴 보랏빛 큰 반점을 발견했다. 봄이의 검은색 변에 피가 섞인 것도 확인했다.

명절 연휴라서 봄이가 다니던 동네 병원이 문을 닫아 연휴가 끝나면 병원에 가서 피검사부터 해보려고 마음먹었다. 그런데 연휴 마지막 날 봄이가 기절을 한 것이다. 또다시 찾아온 몹쓸 병이 분명했다. 머리가 무거워 졌다.

4년 전 그 아픔과 고통의 기억들이 두통으로 다가왔다. 어찌해야 하나…. 또 어떻게 해야 하나…. 이 생각, 저 생각이 점점 많아지고 있을 때 딸 방에서 잘 놀던 봄이가 또 쓰러져서 네 다리를 하늘을 향해 허우적거리고 있다가 몸을 돌려 일어나려고 하는데 못 일어나고 그냥 쓰러져 버렸다.

'맞구나…, 다시 그 병이 찾아온 것이 맞아.'

아니라고, 그럴 일 없다고 자꾸만 우기고 싶어졌다. 믿고 싶지 않았다. 이 모든 상황을 거부하고 싶어 혼자서 싸우고 있을 때 아들과 딸이 재촉했다.

"엄마, 봄이 병원에 안 가?"
"알았어, 갈 거야!"

아이들이 병원에 가자고 재촉하는데 자꾸 몸이 말을 안 듣고 침대에 딱 붙어 버린 듯 일어나 지지가 않았다. 억지로 몸을 일으킨 시간이 저녁 6시쯤, 날이 어두워지자 딸이 화를 내기 시작했다.

"빨리 병원에 가자고!"

봄이를 안고 병원에 도착했다. 의사는 봄이의 피부에 생긴 멍을 보더니 곧바로 피검사를 했다.

봄이의 피를 채취해서 현미경으로 확인하는 '도말 검사' 결과 적혈구끼리 뭉치는 응집 모양이 관찰되었다. IMHA의 대표적 증상이다. 설마 하며 제발 아니길 바라던 마음이 무너져 버렸다.

곧바로 빈혈 여부를 확인하는 PCR 검사를 했다. 빈혈 수치가 너무 낮아서 병원에 있는 장비로는 확인이 불가할 정도로 봄이의 병이 악화되어 있었다.

"봄이 보호자님, 저희 병원에 있는 기계로 수치가 안 나온다는 것은 응급상황입니다. 빨리 24시 동물병원으로 가보셔야겠어요!"

빨리 가야 한다고 옮겨야할 병원으로 전화까지 해주는 의사를 보면서, 그냥 멍한 기분뿐이었다.

"그러게 내가 빨리 병원에 가보자고 했잖아!"

나를 원망하는 딸의 울음소리가 가슴을 후벼 팠다. 딸이 그렇게 엉엉 크게 우는 걸 처음 봤다. 할 말이 없었다.

에반스 신드롬

　　24시 동물병원에 도착했다. 동물들을 위한 모든 의료시설이 잘 갖춰진 알아주는 큰 종합병원이었다. 늦은 시간이었는데도 강아지들을 데리고 대기하는 견주들이 많았다. 큰 병원에 왔기 때문에 조금은 마음이 놓였다. 내 품에 편안하게 안겨 있는 봄이를 자꾸만 쓰다듬어 주었다.

　　'이상한 느낌이 들었을 때 빨리 병원에 올걸!'

　　후회하는 마음과 봄이와 아이들에게 미안한 마음이 죄책감으로 다가왔다. 나를 부르는 소리가 들렸다.

　　"봄이 보호자님!"

　　주저리주저리 그동안 있었던 봄이의 증상을 의사에게 이야기했다.

　　"처음 봄이에게 IMHA가 왔을 땐 피 오줌을 싸서,

늘 배변판을 유심히 관찰했어요! 오줌 색깔이 깨끗해서 별걱정은 안했습니다. 최근 봄이의 변에 약간의 피가 묻어 나온 적이 있어서 사진을 찍어두었습니다."

의사는 봄이를 보더니,

"우선 아이가 너무 창백해서 산소방에 있는 것이 안전할 것 같습니다."

품에 있던 아이가 쑥 빠져나갔다. 영영 못 볼 것 같은 불안함이 엄습해 왔다. 다시 상담이 이어졌다.

"최근 몇 달 피부에 붉은 좁쌀 같은 것이 자주 생겼어요. 피부병인줄 알고 동네 병원에 다녔는데 그 병원 원장님께서 전에 앓던 병이 재발한 것일 수도 있어서 작은 붉은 점이 크게 반점으로 변하는지 잘 관찰하라고 하셨어요."

그동안 찍어둔 봄이의 사진을 보여 주고는 더 이상 말을 이어가기가 힘들었다. 얼른 흐르는 눈물을 닦고 마음을 진정시켰다.

"약을 먹으면 붉은 점들이 사라져서 재발이라고는 생각하지 않았는데, 이번 연휴 때 허벅지에 큰 반점이 생겨 심각하다는 걸 알았습니다."

"일단 증상이 진드기에 물려서 생기는 '바베시아'와 봄이가 전에 앓았던 IMHA 증상이 비슷해서 의심되는 두가지 병에 대해서 중점적으로 검사해 보겠습니다."

'바베시아'는 바베시아에 감염된 진드기가 강아지를 물고 흡혈을 하면서 몸속으로 적혈구를 감염시켜 발생하는 질환이다. 면역체계가 감염된 적혈구를 파괴하기 때문에 빈혈 증상 외에도 발열, 혼수, 창백한 혀와 잇몸, 기력저하, 붉은색이나 진한 소변 등으로 IMHA 증상과 거의 비슷하다.」

한참을 기다린 것 같다. 병실 안에서 우리 봄이의 짖는 소리가 났다. 집에서도 방에 혼자 있는 걸 절대 하지 못하는 아이인데 산소방에 갇혀서 빨리 꺼내 달라고 애원하며 짖는 소리가 마음을 긁었다. 제발 별일 아니어서 어서 집에 데리고 갔으면 좋겠다는 생각뿐이었다.

"봄이 보호자님! "봄이 피검사 결과가 나왔습니다. '바베시아'는 아니고 '혈소판 감소증'입니다. 그리고 적혈구가 응집되는 양상도 보여 IMHA가 오고 있다고 보입니다. 내일 다시 추가 검사를 해봐야 할 것 같습니다."
"혈소판 감소증이요?"
"봄이 상태가 위독해서 입원하는 것이 좋을 것 같습니다. 다행히 봄이가 엄청나게 스스로 노력하고 있어서 좀 지켜보면서 경과를 보겠습니다."

'봄이가 스스로 엄청나게 노력하고 있다.'는 뜻이 무슨 말인지 처음에는 몰라 의사에게 물어보니, 'RETIC'라는 '혈액 재생능력' 수치가 80이 정상인데 봄이의 수치가 596이라고 설명해 주었다. 정상 수치의 7배가 넘을 정도로 가여운 우리 강아지가 병을 이기려고 스스로 무척 애를 쓴다는 증거인 것이다. 뜨거운 눈물이 왈칵 쏟아졌다.

'그랬구나. 그래서 우리가 금방 눈치채지 못했구나.'

혈소판이 감소하고 있는데 봄이의 엄청난 노력으로 자신의 생명력을 붙들고 있었던 것이다. 그게 가능한 것일까? 봄이도 살고 싶어서 힘을 내고 있다는 596이라는 수치가 내내 가슴을 먹먹하게 만들었다. 가족과 떨어지기 싫어서 죽음과 사투를 벌이고 있었던 것이었다. 가족들이 모르게 조용히…. 아무렇지도 않게….

그날 봄이는 중환자실에 입원했다. 겉으로는 멀쩡해 보였는데, 중환자실에서 집중 관리를 받아야 하는 봄이의 상황이 금세 받아들여지지 않았다.

다음날, 아침 종합검사 결과가 나왔다.

"'에반스신드롬' 입니다."

'에반스신드롬'…. 봄이와 비슷한 증상을 인터넷으로 폭풍 검색하면서 제발 이 병만은 아니길 바라던 그 병명을 의사가 이야기했다.

전에 앓았던 'IMHA, 면역 매개성 용혈성 빈혈'과 '혈소판 감소증'이 같이 온 것이다. 4년 전보다 더 무서운 병이 찾아왔다.

'에반스신드롬'은 적혈구뿐만 아니라 혈소판, 백혈구까지 자기 스스로 파괴하는 질환이다. 치사율이 높을 뿐 아니라 재발이 잘되기 때문에 수혈을 받아야 급사를 막을 수 있는 매우 무서운 병이다.

"지금은 봄이 스스로 왕성한 재생능력을 보여 주고 있어 다행히 급하게 수혈을 받을 정도는 아니지만, 앞으로 수혈을 받아야 하는 급박한 상황이 올 수 도 있습니다."
"네 선생님! 우리 봄이 괜찮겠죠?"
"워낙 예후가 좋지 않은 병이긴 합니다만…. 지켜 봐야죠…."

말끝을 흐리는 의사의 말을 이해 할 수 있었다. 그만큼 어려운 병이라는 뜻이다. 검사 결과를 듣고 엄마를 보면 흥분할까 봐 먼발치에서 봄이를 봤다. 눈을 동그랗게 뜨고 그곳에 왜 있는지 모르겠다는 표정으로 지나가는 사람마다 유심히 쳐다보며 혹시 엄마 아닌가? 하고 살피는 모습을 봤다. 울지 않으려 애를 써도 안 울 수 없는 기가 막힌 상황이었다. 옆에 있는 딸이 걱정돼서 애써 씩씩한 척하려고 노력했지만 울컥울컥 폭발하듯 쏟아지는 눈물은 멈춰지지 않았다.

'지난번보다 더 무서운 병이라니….' 그저 담담히 받아들여야 했다. 어느 때보다 냉정해야 했다.

'돈'보다는 '가치'

매일 아침 피검사 결과가 나오는 시간에 맞춰 봄이를 만나러 갔다.

의사가 급하게 이야기를 시작했다.

"봄이의 빈혈 수치가 계속 떨어지고 있어서 지금 바로 수혈해야 하는 긴급 상황입니다."
"네! 빨리해 주세요."

보호자 동의하에 수혈을 진행한다는 내용이었다. 그날 봄이의 빈혈 수치인 HCT는 10.5, 혈액 재생능력 수치인 RETIC는 383이었다. 전날 수치에 비해서 봄이의 의지력이 거의 반으로 뚝 떨어진 수치였다. 약을 쓰기 위해서는 어느 정도 빈혈 수치가 나와야 하는데 빈혈 수치가 떨어진 상태에서 투약은 효과가 없는 상황이었다. 수혈로 생명을 유지하고 그사이에 약을 써서 스스로 적혈구와 혈소판을 파괴시키는 자가 면역력을 억제시켜야 하는 것이었다.

수혈을 진행하기로 하고 봄이를 보러 갔다. 아직도 봄이는 계속 지나가는 사람들을 유심히 쳐다봤다. 혹시 엄마가 왔나? 혹시 언니가 왔나? 하면서 두리번거리며 사람을 찾는 눈빛을 느낄 수가 있었다. 어제 보다 힘없이 누워 있는 봄이 표정이 단단히 지친 표정이었다. 병도 병이지만 온종일 가족들을 기다리며 지친 것 같았다. 재생능력 수치가 떨어지고 있는 원인인 것 같았다.

입원 4일째 되는 날 아침이다.

그날은 검사 결과보다 먼저 봄이를 면회하기로 했다. 오래 기다려도 이름을 부르지 않아서 걱정하고 있었는데 마침 간호사가 이름을 불렀다.

"봄이가 피를 토해서 여태 닦아주느라 좀 시간이 오래 걸렸어요."
"네? 왜요? 어제 수혈받은 피를 모두 토해낸 건가요?"
"자세한 내용은 의사 선생님께 들으시면 될 것 같아요."

봄이가 피를 토했다는 안타까운 말을 듣고 먼발치에서 봄이를 바라보며 가족들에게 보여 줄 사진과 동영상을 몰래 찍었다. 그래도 수혈을 받아서인지 귀 색이 분홍빛으로 변해 있었다. 피는 토했지만 좋아 보여서 조금은 안심이 되었다. 기운 없이 축 늘어져 있는 봄이가 아직도 누군가를 찾고 있었다. 당장 저 산소방에서 봄이를 꺼내 안아주고 싶었다. 봄이의 눈빛이 나를 통곡하게 만들었다.

의사를 만났다. 의사는 내 쪽으로 고개를 들었다가 다시 서류를 내려다보기를 반복했다. 무슨 말이라도 해주면 속이 시원할 텐데, 답답한 시간만 흘렀다. 손에서 땀이 흘렀다. 의사는 한참을 망설이다 기운없는 목소리로 겨우 입을 뗐다.

"저…. 봄이의 수치가 좋지 않습니다. 수혈 직후에 빈혈 수치가 22까지 올랐습니다만, 다시 정상 이하로 떨어졌어요."
"피를 토한 건 어떻게 된 거죠?"
"위장관에서 출혈이 일어나 위 안에 피가 고이고 있습니다. 혈소판도 줄고, 적혈구도 파괴되고, 혈관 내 산소 공급도 원활하지 않아 몸속 기관들이 괴사되고 있습니다."

말을 마친 의사는 다시 고개를 떨궜다. 절망적이었다. 봄이가 죽어가고 있었다.

'아! 어떻게 이럴 수가 있지? 이렇게 갑자기…. 내가 뭘 잘못 먹인 걸까?'

하염없이 흐르는 눈물을 주체할 수가 없었지만, 나는 결단을 내려야 했다. 잘못하다간 봄이를 안아보지도 못하고 멀리 보낼 것 같은 불길한 예감이 나를 괴롭혔다. 면회할 때마다 엄마를 찾는 봄이의 눈빛이 자꾸 생각났다.

과거에 친정아버지가 돌아가시기 며칠 전에, 집에 가고 싶다고 말씀하셨다. 당시의 친정아버지 목소리가 들리는 듯했다.

"집에 가고 싶다."

오랫동안 병원에 머물다가 먼 길 떠나기 전, 집에 다시 가보고 싶은 그 마음을 헤아리지 못했던 그때 그 실수를 또 범하고 싶지 않았다. 집에 가고 싶다는 봄이의 마음이 간절하게 전해져 왔다.

그날 저녁 남편과 이야기를 나눴다.

"자갸! 아무래도 봄이를 데려와야 할 것 같아. 만약에 어차피 고치기 힘든 병이라면 하루라도 집으로 데려와서 함께 지내다가 내 품에서 보내고 싶어."
"당신, 봄이 가는 모습을 어떻게 볼 수 있겠어? 잘 생각해 봐."
"8년간 나를 만나 내 막내딸로 자라준 내 새끼인데, 마지막 가는 모습 지켜주는 건 엄마로서 봄이에 대한 예의라고 생각해!"

내 말에 남편은 묵묵히 할 말을 잇지 못했다.

"나 괜찮아! 친정 아빠 가는 모습도 봤고…, 아버님 가시는 모습도 봤는데 뭘."
"부모님 가시는 모습 보는 거랑, 키우던 자식 가는 모습 보는 거랑은 다를 거야, 당신 괜찮겠어?"
"응, 나 괜찮아! 집에 데려와서 통원 치료할래! 예전에도 매일 두 번씩 병원에 다녔잖아…. 나 할 수 있어!"

남편은 당신 뜻대로 하라고 말하며 내 생각을 지지해 줬다.

넷, 또다시 찾아온 어둠

"아이들이 걱정이야. 봄이 죽는 모습을 보면서 충격 받지는 않을까? 아이들이 너무 걱정된다.!"
"아이들도 이제 어른이야. 동생의 마지막을 지켜보는 것도 큰 공부가 될 거야!"

나는 고개를 끄덕거렸다. 곧이어 그동안 하고 싶은 말을 했다.

"자기야, 고마워! 지난번에도 그렇고, 이번에도 그렇고…. 봄이 병원비가 꽤 많이 나왔는데도 병원비에 대해 아무 말 안 해서 너무 고마워!!"
"봄이는…, 돈 이상의 가치야! 내가 없을 때 당신을 지켜주고, 내 아들과 딸을 웃게 해준 고마운 봄이야. 이제 와서 고백하지만 봄이는 당신을 위해 준비한 내 선물이었어. 딸이 강아지를 사달라고 조르기도 했지만, 당신 퇴직하고 우울해할까 봐서 당신을 위해 봄이를 입양한 건데, 다행히 당신이 강아지 봄이를 예뻐해서 다행이라 생각했지."

'돈 이상의 가치!'
'당신을 위한 선물!'
'나의 봄'

그날 밤, 남편이 너무 멋있고, 그 사랑이 고마워서 눈물이 났다.

시아버님이 돌아가시고 다시 보게된 남편의 눈물은 오래도록 기억에 남아 있을 것 같다.

아들과 딸에게도 내 생각을 전했다. 봄이의 죽음을 준비하자는 아픈 이야기를 담담히 알아듣는 아들과 딸, 어느새 훌쩍 많이 컸다.

가족의 품 안에서 예쁘게 보내주는 것이 봄이에게 '웰다잉'이라 생각하며 가족 모두는 간절한 기도로 밤을 새웠다.

많이 아팠던 밤이었다.

치료의 끝

　가족들과 길게 이야기를 나누고 난 후 우리 가족은 봄이의 2차 수혈을 마치고 집으로 데려오기로 결정했다.

　밤새 계속 눈물이 흘렀다. 돈 걱정하는 나를 위로하며 '봄이는 돈 보다 그 이상의 가치'라고 얘기해 준 남편한테 고마워서 눈물이 나고, '왜 나한테 이런 일이 생기는 걸까?' 라는 생각에 서러워서 눈물이 났다. 잠이 오질 않아서 핸드폰을 뒤적거리며 안아보고 싶은 봄이 사진을 봤다. 분홍빛 귀를 쫑긋 세우며 미소 짓는 봄이가 너무 귀여웠다. 내 침대에서 몸을 웅크리고 자던 모습, 우리 딸 배 위에 올라가서 편안하게 앉아 있는 여러 사진을 보니, 더 미칠 것만 같았다. 며칠 전만 해도 건강했었는데, 어떻게 이럴 수 있는지 믿기지 않는 현실이 참담했다. 왜 진즉에 눈치채지 못했을까? 바보 같은 내가 너무 싫었다.

　또다시 기적이 오기를 간절히, 간절히 기도했다.

　다음날, 아침.

　피검사 결과 시간에 맞춰 버스를 타고 병원에 거의 다다랐을 때 전화벨이 울렸다. 봄이 담당 의사의 전화였다.

"봄이 보호자님! 봄이 검사 결과가 나왔는데요…."

말끝을 흐리는 의사의 이야기를 듣고 직감할 수 있었다. 수치가 좋지 않다는 것을….

"네네! 병원에 거의 다 도착했습니다. 바로 올라가겠습니다."

마음을 굳게 먹었다.

'봄이를 데려오자!'

병원에 도착하자마자 의사가 있는 곳으로 갔다.

"봄이 피검사 수치가 나왔는데 역시 이제보다 많이 떨어졌습니다. 이 상황이면 다시 수혈을 해야 하긴 하는데…. 봄이가 수혈받을 혈액이 지금 없기도 하고…."

의사는 자꾸 말끝을 흐렸다. 뭔가 할 말을 못 하고 있는 것 같았다.

"선생님, 솔직하게 말씀해 주세요. 우리 봄이가 어떤 상황인가요? 계속 치료해서 나을 수 있는지, 만약 그것이 아니라면 저는 봄이를 데려가서 하루라도 함께 지내다가 봄이를 내 품에서 보내고 싶습니다. 봄이도 그러길 원하고 있을 거라 생각하고 봄이의 마지막을 가족들이 함께 지켜주는 것이 예의라고 생각합니다."

의사 선생님께서 마치 기다렸다는 듯이

"보호자님의 생각을 저도 지지합니다. 어느 정도 치료해서 가능성이 있으면 퇴원하시겠다는 보호자님을 저희가 설득할 텐데, 봄이가 앓고 있는 병은 워낙 예후도 좋지 않고, 괴사로 이미 위장관의 출혈이 계속되고 있는 상황이라 수혈을 해도 소용이 없다고 판단됩니다. 사실 저희 의사들도 치료의 끝을 말씀드리기가 쉽지 않은데 보호자님께서 그렇게 생각해 주셔서 깊이 공감하고, 지지합니다. 바로 퇴원 수속을 진행해 드리겠습니다."

'아! 이런, 2차 수혈도 못하고 퇴원을 해야 할 정도로 심각하구나!'

생각지도 않게 퇴원을 서두르는 의사의 모습이 절망적으로 다가왔다. 그날 봄이의 빈혈 수치는 10, 혈소판 수치는 7….

뭔가 큰일이 코앞에 다가왔음을 느꼈다. 의사와 이야기를 마치고 퇴원 수속을 하려고 원무과로 내려왔다. 급하게 어디선가 나를 불렀다.

"봄이 보호자님! 봄이 보호자님!"
"네, 전데요?"
"빨리 봄이를 보셔야 할 것 같습니다."
중환자실 간호사가 재촉했다. 심상치 않은 느낌이었다.

'집에도 못가고 이렇게 보내는 건가?'

중환자실로 내려갔더니 축 늘어져서 숨을 헐떡이고 있는 봄이가 보였다.

"봄아!! 봄아!! 엄마 왔어! 봄아."

봄이의 이름을 부르며 봄이를 쓰다듬었다. 숨을 헐떡이며 정신 없어 보이던 봄이가 고개를 바짝 쳐들고 나를 쳐다보았다. 퇴원하기 위해 링거 주사기를 빼는 동안 쇼크가 온 것이었다. 잠시 기절했던 봄이가 엄마와 언니의 목소리를 듣고 정신을 차린 것이다. 얼마나 기다렸으면 혼미해지는 정신 속에서 가족의 목소리를 알아듣고 바로 정신을 가다듬을 수 있었을까? 너무 미안했다. 곁에 있어 주지 못해서 미안했다. 병을 고치기 위함이었지만, 강아지 봄이가 이 모든 상황을 이해할 리는 없었다. 가족들과 떨어져 있어서 더 병을 악화시킨 것은 아닌지…. 자꾸만 그런 생각이 들었지만, 정답은 없었다.

넷, 또다시 찾아온 어둠

"댁까지 가시는 도중에 봄이가 또 기절을 할 수도 있습니다. 너무 놀라지 마세요."

또 기절을 할 수도 있다는 얘기가 집에 가다가 죽을 수도 있다는 얘기처럼 들렸다.

퇴원 절차를 마치고 드디어 봄이가 내 품으로 들어왔다. 늘 내게 안기면 앞발로 내 팔을 꽉 붙잡았었는데 힘이 없어서인지 봄이의 한쪽 앞발이 축 늘어졌다. 그럼에도 불구하고 햇빛 속에 빛나는 하얀 강아지 봄이는 눈부시게 예뻤다. 4일 만에 봄이를 안아봤다. 그사이 봄이의 몸이 많이 달라져 있었다. 더 가벼워졌고, 더 하얘졌다.

말없이 편안하게 내 품에 안겨 있는 봄이가 더는 아무렇지 않게 보였다. 눈은 더 까맣고, 털은 더 하얗고, 너무 예뻤다.

집으로 돌아오니 하얀 귀 색깔도 다시 분홍빛으로 돌아왔다.

역시! 봄이가 집으로 돌아오니 생기가 도는 것 같아서 분홍빛 귀를 담은 봄이의 모습을 사진으로 찍어 가족 단톡방에 올렸다.

"봄이가 집에 오니까 너무 좋은가봐. 귀 색깔이 좋아졌어!"

누워있는 봄이를 딸에게 맡기고 나는 분주하게 움직였.

마트에 가서 봄이한테 좋다는 황태도 사고 소고기도 샀다. 우리 봄이랑 같은 병을 앓다가 완쾌됐다는 어느 블로그의 글을 기억하고 표고버섯도 샀다. 아낌없이 몸에 좋다는 건 다 먹여 볼 생각이었다. 황태랑 소고기는 봄이가 워낙 좋아하는 음식이라서 소고기부터 먼저 삶아서 먹여 보려고 애를 썼다. 결국 먹지를 못하고 냄새만 맡다가 고개를 돌렸다.

아무래도 안 되겠다 싶어서 황태랑 소고기랑 버섯을 푹푹 삶아서 그 물을 식혜 주사기를 이용해 봄이에게 먹였다. 한 방울 한 방울 봄이의 입 안으로 들어가는 것에 너무 감사했다. 축 늘어져 있는 봄이의 표정은 밝았다. 아니 편안해 보였다. 병원에 면회 갔을 때 봤던 불안해하던 봄이의 표정을 찾아볼 수 없었다.

"봄아! 집에 오니까 그렇게 좋아? 엄마도 너무 좋아! 미안하다. 진작 데려올걸…."

집은 봄이에게 편안한 쉼터였다.

무지개다리를 건너다

마약 방석에 몸을 의지하고 누운 봄이랑 눈을 맞추기 위해 봄이 옆에 누워 그동안 하고 싶었던 이야기를 했다.

"봄아! 엄마 많이 보고 싶었지? 미안해…. 봄이가 많이 아파서 고치려고 그랬던 거야. 이해하지? 엄마도 빨리 널 데려오고 싶었지만 어쩔 수 없었어. 그래도 매일 널 보러 갔었어. 너를 위해서 먼발치에서 보고 왔는데 그때마다 너는 엄마 냄새를 맡는 것 같더라. 엄마를 찾는 너의 눈빛을 엄마가 왜 몰랐겠니. 예쁜 우리 봄이. 엄마의 막내딸로 와줘서 고마워. 엄마가 슬플 때 위로해주고 기쁨이 되어줘서 고마웠어. 아무도 없는 집에서 엄마가 혼자 잠자다가 무서운 꿈꿨을 때 너의 보드라운 털이 발밑에서 느껴지면 맘이 편안해졌어. 오빠랑 언니는 학교에 가고 아빠는 회사 일이 바빠도 엄마가 외롭지 않았던 것은 우리 봄이 때문이었어. 항상 엄마의 곁을 지켜준 우리 봄. 고맙다 봄아 사랑해! 널 영원히 잊지 못할 거야."

나도 모르게 봄이에게 작별 인사를 하고 있었다. 조용히 내 얘기를 듣고있던 봄이의 눈동자가 가끔씩 하얗게 돌아가는 것을 봤다. 순간 순간 정신을 놓치고 있었다. 그래도 엄마가 하는 얘기를 알아듣고 깨어 있으려고 노력하는 것도 느낄 수 있었다. 봄이도 더 오래도록 가족들과 함께하려고 안간힘을 쓰고 있었다.

봄이를 지켜보고 있던 딸도 봄이 옆에서 잠이 들었다. 잠이든 딸의 모습을 지켜보는 봄이의 눈빛과 표정을 봤다. 뭐라 해야 하나 그 지긋한 눈빛을…. 때로는 친구처럼, 때로는 언니처럼 지내던 딸한테 말 없이 메시지를 주고 있는 것 같았다. 그 이상한 교감이 감동으로 밀려와서 얼른 그 모습을 사진으로 찍었다.

그때만 해도 몰랐다.

우리의 인연이 몇 시간밖에 남지 않았다는 것을….

"삐삑 삐삑"

현관문 번호를 누르는 소리가 들렸다. 축 늘어져 있던 봄이가 벌떡 일어났다. 봄이의 퇴원 소식을 듣고 달려온 아들이었다. 아들을 바라보는 봄이의 입꼬리가 올라가고 눈빛엔 반가움과 사랑이 한가득이었다. 아프지 않았다면 벌써 현관으로 달려갔을 봄이는 많이 어지러울 텐데도 몸을 일으켜 꼬리를 살랑살랑 흔들었다. 말없이 계속 봄이를 쓰다듬어 주던 아들이 입을 뗐다.

"봄아. 아프지 마!."

그 한마디에 봄이를 향한 아들의 애틋함이 담겨 있었다. 졸업논문 쓰느라 바쁨에도 불구하고 봄이 퇴원 소식을 듣고 한걸음에 달려온 아들이었다. 다시 봄이를 둘러싸고 가족들이 모였다. 강아지 봄이는 미소 짓고 있는 우리들을 한 사람 한 사람 번갈아 보며 편안하게 마약방석에 누워있었다.

점심도 못 먹고 달려왔을 아들을 위해 저녁을 빨리 준비했다. 오랜만에 아들과 딸 그리고 강아지 봄이까지 함께 있으니 나는 마냥 좋았다. 부지런히 두부도 조리고 따끈하게 된장찌개를 끓여서 거실 탁자에 밥상을 차려놓았다. 사료도 못 먹고 누운 채로 가족들을 바라보는 봄이한테 미안한 마음이 들었다.

봄이를 가까운 곳으로 끌어당겨서 TV를 보게 했다.

"우리 밥 먹는 동안에 TV 보고 있어!"

아이들과 함께 오랜만에 밥을 먹으니 잃었던 입맛이 돌아왔다. 게다가 봄이까지 옆에 있으니 나는 괜히 든든하고 기분이 좋았다. 그동안 봄이 걱정하느라 밥을 제대로 못 먹던 아이들도 봄이 덕분에 오랜만에 맛있게 먹었다.

저녁을 다 먹고 설거지를 하다가 문득 뒤를 돌아보니 봄이가 일어서서 비실거리며 몇 발자국 걸어서 우리가 밥 먹었던 거실 탁자 밑으로 급하게 몸을 끌어당기듯 들어갔다.

봄이에게서 오줌이 흘러 나왔다. 그때까지만 해도 퇴원 후 오줌을 안 눠서 참고 있던 오줌을 누려고 일어난 줄 알았다. 딸이 봄이의 오줌을 닦아 주려고 봄이를 끌어당겼다.

"엄마! 애 오줌마려운 걸 지금까지 참고 있었나 봐. 양이 엄청나네."

딸아이가 웃으며 말했다.

"기운이 없어서 여태 참다가 더 이상 못 참고 일어났나 보네, 아이고 봄아 그냥 아무데나 싸지…."

우리는 아픈 와중에도 오줌을 함부로 안 싸려고 일어난 봄이가 기특했다. 그런데 봄이가 이상했다. 탁자 밑에서 꺼낸 봄이의 몸이 축 늘어져서 숨을 헐떡이고 있었다. 딸은 봄이가 바닥에 흘린 오줌을 닦아내고, 아들은 봄이의 머리를 쓰다듬어 줬다.
나는 봄이의 몸에 묻은 오줌을 닦아내고 있었는데 봄이의 항문에서 대변이 스르륵 빠져나오기 시작했다.

'뭐지?'

검정에 가까운 어두운 변이 계속 흘러나왔다. 괄약근이 풀어진 걸 알아챘다. 이별의 시간이 찾아왔다.

넷, 또다시 찾아온 어둠

"너희 얼른 봄이한테 하고 싶은 말 해야겠다!"

어느 때보다 침착하고 냉정하게 말했다. 딸이 축 늘어진 봄이를 안아서 숨쉬기 편하게 가습기가 가까운 위치에 봄이를 눕혔다. 점점 봄이의 숨소리는 거칠어지고 큰 숨을 쉬면서 몸을 부르르 떨기도 했다. 우리는 봄이가 죽으려고 한다는 걸 알았지만, 그 순간 봄이를 위해서 무엇을 어떻게 해줘야 할지 당황했다.

"봄아 사랑해! 봄아 사랑해."

그저 사랑한다는 말밖에 할 수 없었다. 우리의 손길을 느끼라고 힘내라고, 머리를 쓰다듬어 주고, 몸을 쓰다듬어 주었다. 사랑한다는 우리의 목소리를 들을 때마다 봄이의 귀가 쫑긋쫑긋 일어섰다.

숨을 크게 쉬려고 애쓸 때마다 봄이의 혀가 자꾸 입 밖으로 흘러내렸다. 딸은 자꾸만 빠져나오는 혀를 입 안으로 넣어 주면서 통곡을 했다.

"봄아! 힘내…. 봄아!!"
"봄아, 사랑해!!"

잠시 후 봄이의 숨소리가 들리지 않았다. 세상 모든 것이 고요해졌다. 벌써 봄이가 먼 길을 가버린 것 같은데 눈은 뜨고 있었다. 딸은 봄이의 숨이 멎은 것도 모르고 계속 울면서 봄이의 혀를 입 안으로 넣어 주고 있었다. 그 모습이 너무 안타까워 흐르던 눈물이 더 뜨거워졌다. 어떻게 해야 하나 당황했다. 눈은 뜨고 있는데 죽은 것이 맞는 건지…. 곧바로 동물병원에 전화했다.

"원장님, 봄이가 숨을 안 쉬는데, 눈은 뜨고 있어요.
어떻게 된 거죠? 우리 봄이가 죽은 건가요?"
"네, 동물들은 원래 눈을 뜨고 죽습니다."

봄이가 눈을 뜨고 있어서 다시 숨을 쉴 것 같아 기다렸다. 적막함 뿐이었다.

이렇게 빨리 갈 줄은 몰랐다. 그날 봄이를 퇴원 시키지 않았더라면, 정말로 봄이를 안아보지도 못하고 병원에서 보낼 뻔했다. 뻣뻣하게 굳은 봄이를 안을 뻔했다. 봄이를 가족의 품에서 보낼 수 있게 되어 다행이었다.

사람도 불필요한 연명치료로 아름다운 마무리를 못 할 때가 많다. 회생 가능성이 없고 치료가 듣지 않으며 급격히 상태가 악화하면서 사망이 임박했는데도 지푸라기 하나 잡는 심정으로 기적을 바라는 그 마음을 누가 뭐라고 할 수 있을까?

사람이든 동물이든 그 치료의 끝을 결단하기란 쉽지 않다.

내가 용기 있게 결단을 잘 내렸고 가족들의 사랑 속에서 봄이의 마지막을 배웅할 수 있게 되어 감사했다. 봄이에게 '웰다잉'이지 않을까….

넷, 또다시 찾아온 어둠

"엄마, 아까 봄이가 탁자 밑으로 기어들어 갔던 이유가 강아지들은 주인이 안 보는 곳에서 죽으려고 하는 습성이 있는데, 그래서 그랬던 같아!"
"정말? 넌 어떻게 알았니?"
"이번에 봄이가 재발했을 때 나도 예감이 좋지 않았어, 혈소판 감소증까지 같이 와서 더더욱…. 그래서 오늘 퇴원한다고 해서 만사 제치고 바로 왔던거구, 오면서 강아지 죽을 때 증상을 알아봤어. 아까 대변이 흐르는 걸 보고 괄약근이 풀렸다는 걸 알고 눈치챘어."

아들도 봄이가 오줌을 싸고 괄약근이 풀려 똥이 흐르는 걸 보고 마지막 시간이 되었다는 것을 알고 있었다.

봄이는 거실 탁자까지 죽을 힘을 다해 걸어갔다. 그것은 사랑이었다. 식구들이 저녁밥을 다 먹을 때까지 기다린 봄이의 배려에 감동이 밀려왔다.

"사후경직이 2시간 후부터 시작된다고 하는데 어떻게 할까? 날씨가 추워져서 봄이를 베란다에 잘 뒀다가 내일 데려가도 될 것 같은데…."

아들이 대뜸 큰 소리로 말을 했다.

"엄마! 봄이가 무슨 짐짝이야? 추운데 베란다에 두게!"

말도 안되는 말을 하고 나서 금방 후회했다. 딸아이는 봄이를 안치시킬 상자를 가져와 정성스럽게 수건으로 감싸 안았다. 눈을 뜨고 있어서 금방이라도 꼬리를 치며 일어날 것 같았다. 잠든 것은 아닐까? 하고 또 기다렸지만, 영원히 깨어나지 않는 숙면으로 들어간 것이 확실했다.

장례를 치러야 하는데 남편이 출장 중이었다. 대부분 반려동물이 죽고 나면 당일 또는 다음날 장례를 치러준다고 하는데 지방에 출장 중인 남편이 다음 날 저녁에 도착할 예정이었다. 봄이는 우리 부부의 막내딸이다. 아빠 없이 장례를 치를 수 없었다. 그래서 병원에 부탁을 했다. 장례를 치르는 날까지 봄이를 맡아달라고….

"봄아! 봄아!"

우리 가족은 누워있는 강아지의 이름을 몇 번을 불러봤지만, 봄이는 일어나지 않았다. 숨을 거두기 전 고통스러웠던 봄이의 눈빛과 입 밖으로 흘러나온 봄이의 혀가 이젠 조금 무섭기도 했다. 기가 막힌 이 현실을 잘 받아들이고 있는 두 아이가 대견했다. 아이들은 엄마인 나를 걱정하고 나는 아이들을 걱정하며 서로서로 담담히 잘 이겨내고 있었다.

거짓말 같은 이별의 시간이 지나갔다.
너무나 갑자기….
너무나 빨리….

너는 내 곁에 없다

죽은 봄이를 병원에 맡기고 집에 돌아오니 맥이 풀렸다.

잘 누워있던 봄이가 일어나서 죽기까지 20분 정도의 시간이 흐른 것 같다. 생과 사가 어찌 이리도 허무한지···. 꿈이었으면 좋겠다. 차라리 아직 입원 중이라고 생각하자!

정신을 차려야 했다. 내가 많이 울면 아이들을 더 슬프게 만들 것 같았다. 각자 방에 들어간 아이들에게 뭐라고 말을 하고 싶었지만, 자꾸 흐르는 눈물 때문에 아무것도 못 하고 멍하니 앉아 있었다. 제일 슬퍼하는 딸이 걱정되었다. 마침, 친한 친구와 함께 있겠다고 해서 보내고 나니 안심은 되었지만, 집이 더 텅 빈 것 같았다.

밤 12시가 다 되어도 잠은 오지 않고 죽기 전에 온몸에 피멍이 들어있는 봄이의 모습이 아른거렸다. 어찌 이리도 무서운 병에 걸린 건지, 혈관이 괴사되면서 생기는 출혈을 혈소판이 지혈을 해줘야 하는데 혈소판이 파괴되어 결국 몸 안에서 피가 멈추지 않아 온몸에 피멍이 들었던, 그런 봄이의 마지막 모습이 머릿속에서 떠나질 않고 눈만 감으면 생각났다.

4년 전 이 병이 처음 발병했을 때 봄이가 죽을지도 모른다는 걱정에 벽만 보며 눈물 흘리던 아들의 방문을 두드렸다.

"아들, 엄마랑 소주 한잔할래?"

아들하고 소주잔을 주고받으며 술의 힘을 빌려 슬픈 마음을 토해냈다. 잠깐동안 마음껏 울며, 마음껏 봄이를 그리워했다. 엄마한테 소중했던 봄이의 존재를 알고 있는 아들은 묵묵히 내 얘기를 들어주며 술잔을 채워주었다. 그 새 어른이 된 아들이 든든했다. 엄마 앞에서 슬픔을 꾹 참아 내는 아들이 더 슬퍼 보였다.

봄이의 장례식 날 아침이 되었다.

식구들 모두 검정색 옷을 입었다. 강아지가 죽었는데 뭘 그렇게까지 하느냐고 누군가 말하겠지만, 우리 가족, 내 자식의 장례식이었다. 그 누구도 큰 소리로 말하는 사람이 없었다.

장례식장에 뭔가 가져가야 할 것 같아서 봄이가 살 먹넌 산식을 골고루 챙겼다. 봄이가 먹던 사료도 챙기고 무엇보다 봄이가 가장 좋아하는 애착 인형도 챙겼다. 쇼핑백에 하나 가득 챙겨 넣고 접시까지 완벽하게 챙기며, 봄이를 위한 추도예배 또한 준비했다.

돌아가신 친정 아빠랑 시아버님 성묘 갈 때 음식 준비도 많이 해봤지만, 나의 껌딱지 봄이의 마지막 간식을 챙기는 엄마의 마음은 심장을 파고드는 아픔이었다. 절대, 우리 엄마보다 내가 먼저 죽지 않아야 하는 이유를 그때 알았다.

넷, 또다시 찾아온 어둠

동물병원의 배려로 김포에 있는 강아지 장례식장에 봄이가 먼저 도착해 있었다. 우리는 남편의 출장 문제로 바로 장례를 치르지 못하고 3일장을 하게 된 셈이다. 동물병원과 장례식장의 배려로 가능한 일이었다.

장례식장은 시설도 깨끗했고 무엇보다 제일 먼저 인사를 건네는 직원의 엄숙하고 친절한 인사가 반려견을 잃은 이의 마음을 충분히 살피며 조심스럽게 느껴져서 편안했다. 곧바로 안치실에 있던 봄이가 나왔다. 꽁꽁 얼어있는 우리 강아지 봄이를 보니 '죽은 것이 맞구나!'라는 현실감이 느껴졌다. 눈을 뜨고 죽었던 봄이가 어느새 눈을 감고 있어서 조금은 편안해 보였다. 동물병원에서 봄이의 눈도 감겨주고 흘러내렸던 혀도 입 안으로 넣어 주어서 마지막에도 평소와 같은 예쁜 봄이의 모습을 볼 수 있게 되어 감사했다.

봄이에게도 영정사진을 만들어줬다. 핸드폰에 저장된 수많은 봄이 사진 중에서 가장 예쁘고 건강했었을 때 사진을 선택했다. 뒷다리가 멀쩡할 때 찍은 사진이라 더더욱 맘에 들었다. 준비해간 접시에 봄이가 좋아하던 간식과 사료를 담았다. 애착 인형은 봄이 옆에 뉘어 주었다.

'혹시 인형 냄새를 맡으면 일어나지 않을까?'

기대감이 살짝 들었다. 그런 기대를 했다는 나 자신이 지금도 웃프다. 우리 가족은 봄이를 빙 둘러서서 세상에서의 마지막인 봄이를 위한 기도와 인사를 했다.

"봄아! 아주 잘했어! 참 잘했어! 우리 봄이 예뻐!"

그날 남편이 봄이한테 마지막으로 했던 말이다. 해외 근무가 잦은 남편이다. 아빠 없을 때 엄마를 잘 지켜주고 오빠와 언니가 잘 웃으며 행복하게 해줘서 고맙다는 표현력 부족한 남편의 특급칭찬이었다.

마지막 인사와 기도를 마친 후 봄이에게 하얀 수의를 입혀줬다. 하얀 수의를 입고 무지개다리 건너 아프지 않은 세상에서 네 다리로 신나게 뛰어놀기를 바라는 마음이었다.

"봄아! 나중에 천국에서 다시 만나자!"

봄이의 몸이 화장장으로 들어갔다. 그 모습을 보며 오열하며 졸도하는 사람들이 많다고 하던데 우리 가족은 덤덤히 그 광경을 지켜보았다. 4년 전 처음 발병했을 때 이런 일이 있었더라면 우리는 지금보다 더 많이 힘들었을 것 같다. 기적적으로 회복해서 4년을 더 함께 살 수 있었던 것은 우리에게 축복이었고 하나님이 특별하게 주신 선물 같은 시간이라는 것을 우리 가족은 모두 알고 있었다. 이제는 담담하게 보내줘야 할 때가 왔다.

"봄이가 그동안 내가 없어서 버티고 있다가, 아빠가
오니깐 이제 마음 편하게 가는 것 같아!"

봄이와 함께 했던 시간 들이 내게 큰 축복이었음을 더 깊이 깨달았다. 좀 더 잘해 줄걸…. 병원에 일찍 가볼걸….

남은 건 말 할 수 없는 죄책감이었다.

병이 재발하면서 입원하던 날, 봄이의 재생능력 수치가 생각났다.

정상 수치가 80인데 봄이의 재생능력 수치는 596이라는 숫자였다. 어마어마하게 애쓰며 버텨준 우리 봄이….

"고맙다. 봄아! 잘 가!"

화장이 끝나고 강아지의 머리뼈와 몸의 뼈들만 앙상하게 남아있는 것을 확인했다. 봄이와 함께 하고 싶은 마음에 머리뼈로 스톤을

작게 만들어 달라고 주문하고, 나머지 뼈들은 곱게 빻아서 작은 유골함에 넣었다. 어디에 뿌려줄까 고민하다가 딸이 집에 가져가서 보관하고 싶다고 했다. 너무 빨리 보내도 섭섭할 것 같아서 새 봄이 찾아오면 봄이의 유골을 자연으로 되돌려 보내자고 의견을 모았다.

지금도 우리 집 피아노 위에는 예쁜 봄이 사진과 유골함이 있다. 봄이의 유골을 뿌려 줄 때 또 많이 슬프겠지만, 그때까지 집안에서 함께 있다고 생각하며 지내려 한다. 집안에서 왔다 갔다 할 때마다 환하고 예쁘게 웃고 있는 봄이의 사진을 보며 어느 날은 웃고, 어느 날은 울었다. 한동안 그렇게 봄이의 사진을 볼 때마다 힘들겠지만, 실컷 그리워하며 못 해준 사랑을 해주고 싶었다.

그리움이 흐릿해지는 날까지….

마약 방석

장례식장을 다녀와서 부지런히 봄이가 쓰던 물건들을 정리했다. 장례를 치르고 나서 하는 당연한 의식처럼 우리 부부의 행동은 매우 자연스러웠다. 친구가 사주었던 예쁜 분홍빛 셔츠부터 아직 한 번도 사용하지 않은 봄이의 물건들이 속속 나왔다. 딸아이가 지극 정성으로 용돈 아껴가며 사 온 봄이를 위한 물건들이었다. 봄이가 생각나서 못 버리겠고, 아까워서 못 버리겠고, 슬퍼서 더 못 버리겠다.

평상시에도 버리는 걸 잘하지 못하는 나에게 봄이의 물건을 버리는 건 고통이었다. 늘 내 껌딱지 같았던 '봄'. 소파에 앉아도 내 살을 붙이고 앉던 그 아이, '봄'을 빨리 지우려고 봄이가 쓰던 용품들을 쓰레기 봉지에 담는 내 행동이 더없이 냉정하게 느껴졌다.

슬며시 나는 주방 쪽으로 빠지고 남편 혼자서 봄이의 물건을 담았다. 봄이가 먹던 간식들까지 집 안 구석구석에서 나온 용품들을 모두 담아내니 50L 쓰레기봉투 하나가 나왔다.

차라리 뭘 버렸는지 모르는 게 좋았던 순간이었다. 지금 생각해 보니 버릴 때 사진이라도 찍어 두지 못한 것이 아쉽다…. 소중한 추억을 너무 쉽게 버린 듯해서 후회된다….

봄이의 물건을 다 담고 났더니 슬금슬금 아이들이 거실로 나왔다. 내 맘이랑 같은 것이다. 봄이의 흔적이 사라지고 있는 것이 화장장에 봄이의 몸이 타들어 갈 때보다 더 마음이 아팠다. 약속이라도 한 듯 아이들이 하나씩 봄이를 기억할만한 물건을 챙겼다. 아들은 봄이랑 놀 때 가장 많이 던져 주던 분홍색 뼈다귀 인형을 챙겼다. 봄이가 물고 다니던 거라서 봄이 냄새가 많이 난다고 보관하겠다고 했다. 딸아이 눈치를 살폈다.

"너는 뭐 챙길래?"

가만히 내 손을 잡고 자기 방으로 데려가서는 책장을 향해 손짓했다. 벌써 봄이가 가지고 놀던 인형을 챙겨 책장 맨 위에 전시해놓은 것이다.

"아빠가 다 버릴까 봐! 얼른 챙겼어."

가족들 마음이 다 그렇다. 쉽게 잊고 싶지 않은 마음이다. 쓰레기 봉투에 막내딸 물건을 담아내던 남편의 마음은 오죽했을까….

봄이를 빨리 퇴원시키고 하루라도 같이 지내다 무지개다리를 건너갈 때 잘 배웅하고 싶다는 나의 말에, 남편은 그걸 어떻게 볼 수 있겠냐고 걱정했었다. 부모님 두 분 돌아가실 때 봤던 경험이 있어 괜찮다고 말했더니 부모님 보낼 때랑 키우던 자식 보낼 땐 또 다르다고 이야기했던 남편이었다. 그날 이야기를 나누며 보기 드문 남편의 눈물을 봤다. 자식을 보내고 딸의 물건을 정리하는 아빠의 모습이 쓰라려 보였다.

봄이가 사용하던 물건 중에 '마약 방석'이라는 것이 있다. 그 방석에 강아지들이 누우면 느낌과 촉감이 너무 좋아서 한번 누우면 일어날 줄을 모른다고 해서 '마약 방석'이라는 별명이 붙었다. 우리 봄이도 그 방석을 좋아했다. 연 분홍색 방석은 봄이의 몸을 포근하게 감싸 안아 주었다. 봄이는 밤에도 낮에도 스르륵 잠이 오면 그 방석에 누워 편안하게 잠을 잤다. 또 맛있는 간식을 주면 봄이는 꼭 마약 방석으로 가져가 맛있게 먹었다. 마약 방석은 봄이의 침대였고 보금자리였다.

아들이 말했다.

"엄마 봄이 마약 방석은 당분간 집에 두면 안 돼? 거기서 봄이 냄새가 가장 많이 나서…."
"그래그래, 이건 천천히 버리자!"

얼마나 봄이 냄새가 나는지 나도 맡아 봤다. 고소한 봄이 냄새가 물씬 풍겼다. 아직 살아 있는 봄이 냄새였다. 울컥! 하며 슬픔이 훅훅 올라왔다. 울음을 참았다. 누구라도 통곡하기 시작하면 네 가족이 꺼이꺼이 우는 눈물바다가 될 것 같았다. 그래서 맘 놓고 소리 내어 울지 못했다. 아이들의 마음이 걱정됐다. 난 엄마니까 참아야 했다.

시간이 지날수록 봄이가 누워있던 마약 방석을 볼 때면 훅! 하고 감정이 복받쳤다. 마약 방석에 누워 나와 눈을 맞추던 그 초롱초롱한 봄이의 눈이 아직도 눈앞에 선하다. 봄이를 생각하면 보드라운 털을 만졌을 때 그 느낌이 손끝에서 살아났다. 내 손바닥에 있는 미세한 세포들이 춤을 추는 것 같이 뜨거워졌다. 만지고 싶은 마음, 안고 싶은 마음, 이 마음을 어찌할꼬!

주체할 수 없는 그리운 감정들이 마약 방석을 볼 때마다 끓어올랐다. 참다 참다 어느 날은 헉! 하고 토하듯 눈물을 쏟았다.

봄이가 가고 3주쯤 됐을 때 아이들에게 말했다.

"이제, 그만 저 마약 방석 버리면 안 될까? 엄마가 저거 볼 때마다 너무 힘들어서 미칠 것 같아. 시간이 지날수록 더 슬퍼!"

대답을 못 하고 고개 숙인 아들의 벌게진 눈을 봤다. 괜한 소리를 해서 아들을 힘들게 했나 싶어 더 이상 말하지 못하고 눈물을 삼켰다.

딸이 단호하게 대답했다.

"안 돼!"
"엄마, 조금만 더 가지고 있자!"
"니들은 저거 보면 더 슬프지 않아?"
"......."
"나, 가끔씩 봄이 보고 싶을 때 방석 냄새 맡으면 마음이 편안해져."

알고보니 내 맘 괴로워서 베란다에 뒀던 마약 방석을 딸아이가 수시로 끌어안고 봄이 냄새를 맡고 있었다. 엄마 몰래 냄새 맡으며 흘렸을 눈물을 생각하니 나는 또 억장이 무너진다. 사실 그래서 더 버리고 싶다. 하지만 참아야 했다.

'그래, 천천히 버리자! 이것만은….'

언젠가는 자연스럽게 우리 가족의 기억 속에 봄이의 존재가 희미해지는 그 날이 오겠지….

언제나 그리운 '봄'

봄이의 죽음을 실감할 수 없었다. 잠시 산책 나간 것일까. 조금 멀리 간 탓일까. 며칠이 지나도 돌아오지 않았다.

봄이는 소파에 앉아 TV를 볼 때면 늘 곁에 앉아 살을 붙였다. 하얀 털을 쓰다듬어 주면, 동그랗고 반짝이는 눈으로 나를 빤히 쳐다보았다.

"봄아. 넌 누굴 닮아 이렇게 이쁜 거야? 누굴 닮아 이렇게 귀여운 거야?"

사랑에 푹 빠진 사람처럼 예쁘다는 감탄사가 절로 나왔다. 봄이는 몸을 뒤집어 배를 드러내며 쓰다듬어 달라는 신호를 보낸다. 강아지가 배를 보여 주는 것은 '당신을 신뢰합니다.'라는 뜻이라 했다. 그렇게 우리는 서로 신뢰하고 사랑하는 사이였다. 맘속에서 봄이를 사랑하는 감정이 솟구쳐 올라 올 때면 봄이의 머리를 쓰다듬거나 봄이의 얼굴에 뽀뽀하며 입버릇처럼 말을 했다.

"봄아 엄마랑 오래오래 함께 살자!"

넷, 또다시 찾아온 어둠

이런 말이 나올 때마다 입방정을 떠는 건 아닌가! 라는 생각이 나서 설마 했는데….

몹쓸 병이 다시 찾아와 이제 봄이는 내 곁에 없다.

무수히 많은 후회가 밀려왔다.

치료해야 할 타임을 놓쳐서 봄이를 일찍 죽게 만든 것 같다.

나의 부주의로 어린아이를 일찍 하늘나라로 보낸 것 같다.

봄이가 먹던 간식, 봄이가 먹던 사료와 물까지 전부 잘못 먹여서인건 아닐까? 라는 생각은 아픈 마음을 더 멍들게 했다.

'좀 더 비싸고 좋은 걸 먹일 걸! 돈 아끼다가….'

시간이 지나면 지날수록 봄이에 대한 죄책감이 눈덩이처럼 불어났다.

이 방 저 방 뛰어다니던 강아지가 없으니 빈집 같다. 봄이가 입에 물고 다니다 늘어놓은 장난감들이 없으니 할 일이 없어졌다. 봄이가 움직일 때마다 날리던 털들이 없어서 더 없이 집안이 깨끗해졌다. 아이들이 입고 다니는 검정 옷에 묻는 털 걱정은 이제 안 해도 됐다. 강아지 때문에 우리 집에 못 오던 이웃집 선배 언니도 맘 놓고 초대해도 될 것 같다.

늦은 저녁 치킨을 먹을 때면 식탐이 많은 봄이가 짖어서 늘 급하게 몇 점 먹고 일어나야만 했다. 가족들과 함께하며 맛있는 음식을 먹고 이야기 나누는 시간을 늘 봄이가 방해했다. 어릴 적부터 버릇을 잘못 들인 탓이다.

이젠 그런 걱정을 할 필요가 없어졌다.

오랜만에 가족이 모여 치킨을 시켰다. 조용하게 맘 놓고 맛있게 먹을 수 있을 줄 알았는데, 목이 멨다. 오히려 깡깡 짖는 봄이가 없으니 더 이상했다. 서로 말은 안 했지만, 모두가 봄이 생각을 하는 것 같았다. 봄이의 존재가 순간순간 살아났다.

봄이가 없어서 좋은 점이 많다고 자꾸만 생각했다. 자식이 없어져서 좋다고 말하는 파렴치한 같은 생각을 자꾸만 했다.

견디기 위해서….

털이 계속 날려도 좋고, 치킨을 못 먹어도 좋고, 사람들이 강아지 때문에 못 놀러 와도 좋다. 그냥 할 수만 있다면 봄이가 내 곁으로 돌아와 줬으면 좋겠다. 이것이 꿈이면 좋겠다.

가족들 모두 마찬가지다. 봄이 얘기를 아무도 먼저 꺼내질 않았다. 참고 견디는 중이기 때문이다. 어느 날, 딸 방에 들어갔더니 봄이 사진을 보며 평상시 잘 안 우는 딸아이가 주르륵 눈물을 흘리며 앉아 있었다. 그 모습을 보는 순간 울컥하며 뜨거운 것이 솟구쳐 올라왔다. 소리 내어 울고 말았다. 참고 있던 슬픔이 폭발했다. 시원했다. 가슴에 맺힌 그리움을 그렇게 풀어낸 것 같다.

봄이 장례를 치르고 3개월 정도 됐을 때 일이다. 딸아이가 스마트폰을 들이대고 강아지 사진을 보여 주며,

넷, 또다시 찾아온 어둠

"엄마 애들 좀 봐봐 예쁘지?"

스마트 폰 속에 예쁘고 귀여운 강아지들이 많았다. 쌍둥이 같은 흰색 푸들 두 마리가 아장아장 걷는 모습이 너무 예뻤다. 보슬보슬 털이 예쁜 어떤 강아지는 선하고 착하게 생겨 눈에 띄었다. 그런데 그 강아지 눈빛에서 그리움이 느껴졌다.

"어머나, 얘는 눈 안에 그리움이 가득 차 있네! 그지? 엄마가 봄이를 키워봐서 강아지 표정도 읽을 수 있게 됐어! 신기하다. 아마 강아지 안 키워 본 사람들은 모를 거야, 이 느낌…."

한동안 TV나 길거리에서 강아지를 보면 서로 아무 말 없이 지나 쳤었는데 그날은 핸드폰 속의 귀여운 강아지들을 자신 있게 보여 주는 딸이 말을 했다.

"엄마 혹시 유기견 키운다는 생각 해본 적 없어?"
"왜? 얘네들 유기견이니?"
"응!"

잠시 아무런 대답도 못했다. 주위 사람들에게 그런 말을 들은 적이 있다. 사람한테 받은 상처. 사람으로 치유 받고, 동물은 동물로 치유 받으라는…. 그래서 얼른 다른 강아지를 데려다 키워 보라는 이야기도 듣긴 했지만, 자신이 없다. 또 잘못될까 봐서….

"엄마, 입양하자는 것이 아니고, 유기견들이 입양될
때까지 임시로 보호하는 일을 해보는 거야!"

어릴 적부터 동물을 좋아하는 딸은 먼 곳에 위치한 유기견 보호소로 봉사를 다녔었다. 봄이를 키울 때도 유기견 한 마리를 데려오자고 했었는데 동물을 원래 안 좋아했던 나한테는 쉽지 않은 일이었다. 강아지 한 마리 키우는 것만으로도 사실은 벅찬 일이었기 때문이다. 딸은 봄이의 유품을 정리할 때 봄이가 사용하던 캐리어를 못 버리게 했다. 가끔 주변 공원에서 유기견이 발생하면 그 강아지들을 옮길 수 있는 캐리어가 필요하다고 한다. 그런 문자가 뜨면 바로 가지고 달려 나간다는 딸이다. 그런 딸에게 뭐라고 대답을 해야 할지 막막하고 미안했다.

"미안해. 엄마가 아직 마음의 준비가 안 됐어. 아직
봄이가 내 맘에 살아 있고, 강아지들이 사람보다 수명이
짧아서 또다시 그 죽음을 경험할 자신이 없어. 당분간
아프고 싶지 않아!"

이렇게 대답하고는 흐르는 눈물을 한참 동안 닦아냈다.

봄이가 끔찍하게 그립다.

살다보면 그 끔찍한 그리움이 희미해져 미안해지는 날이 올 것이다.

아직 다른 강아지를 품에 안는 것은 아니라고 생각한다.

사랑하는 막내딸 봄이를 가슴에 묻은 엄마의 자식에 대한 예의이기도 하다.

그런 내 맘을 이해해 주는 딸한테 고맙고, 미안하다.

"딸, 딸이 엄마보다 더 단단한 마음으로 세상을 살아 주길 바래…."

다섯,
널 잃은 슬픔보다
널 만남 기쁨이 크기에

'펫로스 증후군' 극복하기

봄이 별이 되고 나서 가을이 더 깊어 졌다. 카카오톡 단체 방에 단풍구경 나간 사진들이 많이 올라 왔다. 우리 아파트근처 구암 공원 단풍도 볼만 한데 가보지 않았다. 아니 가보질 못했다. 왜냐하면 그 길은 늘 봄이랑 다니던 길이기 때문이다. 산책길 곳곳마다 봄이와의 추억이 있는 곳이라 그 곳에 가면 봄이 생각에 눈물이 날 것 같아 피하고 있었다. 내가 키우던 강아지가 희귀병에 걸려 죽었다는 사실이 나에게만 찾아온 불행으로 느껴졌다.

'희귀병! 왜 나에게 이런 일이….'

아침에 눈을 뜨면 봄이 생각이 제일 먼저 났다. 보고 싶은 마음 보다 미안한 마음이 들어서 못 견디게 아팠다. 조금만 더 일찍 손을 썼으면 살수도 있었을 것 같은 후회가 죄책감의 무게를 더 무겁게 만들었다. 내가 축 처져있으니까 가족들까지 말이 없어졌다. 집안은 조용했다. TV소리마저 사라졌다. 아무리 생각해도 정답은 없었다. 그냥 봄이와의 인연이 여기 까지 라고 생각하고 빨리 이 슬픔을 극복 해야 한다는 생각이 들었다. 나는 엄마니까….

불행한 생각을 계속 하면 불행한 일들을 불러 온다는 말이 떠올랐다. 사진 속에 봄이가 천진난만하게 웃고 있어서 행복했던 기억을 소환하려고 애썼다. 기운도 없고, 기분도 좋지 않았지만 애를 써서 산책길에 나갔다. 그 사이 예쁘게 물든 단풍이 볼만 했다. 걷다 보니 기분이 좀 좋아 졌다. 봄이가 좋아 하는 아랫길이 생각났지만 그 길을 다시 걷는 다는 건 대단한 용기가 필요했다. 아랫길은 쳐다 보지도 못했다.

'그래 오늘은 이렇게 이겨보자!
그리고 다음엔 저 아랫길을 걸어보자!'

봄이랑 다니던 산책길을 다녀오니 뭔가 이겨낸 듯 기분이 좋아 졌다. 그리고 그 다음날 또 걸었다. 이번엔 봄이랑 매일 다니던 아랫길을 걸었다. 여기 저기 봄이가 영역 표시해둔 자리들이 눈에 들어 왔다. 봄이가 킁킁 냄새를 맡던 풀숲, 비둘기를 쫓으며 뛰어 다니던 플라타너스길, 한 두 걸음 먼저 걷다가도 잘 따라오는지 뒤 돌아보던 오솔길… 추억이 아름아름 새겨진 길들이 기쁘고 즐거웠던 기억을 소환해 주었다.

이 길을 다니며 봄이면 꽃구경을 했고, 여름이면 온갖 종류의 풀벌레들이 연주하는 음악소리를 들었다. 다른 해보다 유난히 색깔이 고운 단풍구경을 올해는 혼자서 했다. 봄이의 죽음을 인정하고 받아 들이는 마음 훈련시간은 그렇게 매일 반복 되었다.

다섯, 널 잃은 슬픔보다 널 만난 기쁨이 크기에

강아지들 에게 산책은 사람들이 여행을 하며 즐거운 것과 다름 없다고 한다.

"봄아! 산책 갈까?"

이야기하면, 봄이는 귀를 쫑긋 세우고 흥분했다. 산책이라는 말을 어찌 알아 듣는 건지 벌써 현관문 앞에 나가서 빨리 문을 열라고 짖었다. 엄마를 닮아서인지 성격 급한 강아지 봄이였다. 그런 모습이 귀여워서 어떤 날은 일부러 늦장을 부렸다. 그러면 봄이는 나를 졸졸 따라 다니며 산책을 재촉했다. 몸은 현관 쪽을 향하고 얼굴만 돌려 애절한 표정으로 나를 쳐다보았다. 산책을 나가면 세상 무서울 것이 없는 하룻강아지가 되었다. 사회성이 부족한 탓에 거리에서 만나는 강아지들을 보고 마구 짖었다. 민망하기도 하고 사납게 달려 들어 견주들에게 미안하기도 했다. 아무래도 봄이가 든든한 엄마를 믿고 하는 행동이라 밉지 않았다.

이렇게 봄이를 귀여워만 했지, 봄이의 이상행동을 예민하게 생각 하지 않은 것이 많이 후회된다. 봄이가 죽기 몇 달 전부터 이상하게 조금 걷다가 걷지 않으려고 했다. 요놈이 나이 드니까 꾀가 생겨서 그런 것 같아 잡아당기기도 하고 안아주기도 하면서 산책을 했었다. 말 안 듣는 봄이가 얄밉고 걷지 않으려고 버틸 때 마다 짜증도 냈었 는데, 지금 생각해 보니 그 때 병이 다시 시작되어 그랬던 것 같다. 재발한 것을 빨리 알아차리지 못한 것이 너무 미안하고 또 미안하다.

"나, 아파요"

말하지 못하는 동물을 제대로 보살펴 주지 못한 나의 무심함이 한없는 죄책감으로 다가온다.

반려견을 보낸 뒤로 정신적 어려움을 호소하는 '펫로스 증후군; Pet Loss Syndrome'을 앓는 견주들이 많다고 한다. '펫로스 증후군'에 대한 논문도 보았다. 슬픔이 길어지면 만성적인 우울증으로 이어질 수 있다고 해, 봄이를 잃은 슬픔이 자칫 내게도 큰 병이 되지 않게 마음을 다잡아야 했다. 봄이와 행복했던 날들이 지금 슬픈 이 날들보다 더 길고 더 크기에 감사함만 안고 살아야 할 것이다. 그리고 서서히 잊혀질 봄이와의 기억을 자연스럽게 받아들이고, 먼 훗날 그곳에서 나를 위해 마중 나와 꼬리를 흔들 그날을 위해 살아 있는 동안은 열심히 후회 없이 잘 살아야 한다.

다시 일상으로 몸과 마음을 재촉했다. 어느 때 보다 일에 집중했다. 억지로 잊으려고 노력하지도 않았다. 앞으로도 일상생활 속에서 봄이가 그리울 땐, 사진도 보고 동영상도 보면서 그리움을 달랠 것이다. 눈물이 나면 울어 버릴 것이고, 보고 싶으면 보고 싶다고 말할 것이다. 봄이와 행복했던 순간을 잊지 않고 싶다.

"봄아! 널 잃은 슬픔보다 널 만난 기쁨이 크기에 우리 가족은 다시 웃을 수 있을 것 같다. 고마워…."

'봄'이의 병증

반려견을 키우는 견주들에게 조금이나마 도움이 될까 해서 봄이와 함께하는 동안 겪었던 몇 가지 병증을 정리해 보았다.

하나. 식분증

'식분증'은 강아지가 똥을 먹는 증상이다. 어린 강아지가 똥을 먹는 경우는 비교적 흔한 일이다. 똥에서 사료 냄새가 나서 그렇다. 어린 강아지가 식분증을 나타내는 원인은 크게 영양결핍 등의 생리학적인 원인과 환경이나 학습에 따른 행동학적인 두 가지 이유가 있다고 한다. 생후 2~3 개월 어린 강아지는 하루 네다섯 번을 먹어야 하는데 사료의 양이 부족하면 자신의 배설물로 부족한 영양분을 채우려고 하기 때문이다. 또한 단순한 넓은 장소와 충분한 놀이가 이루어지지 않을 때 장난삼아 냄새를 맡고 호기심으로 인해 식분증이 나타나기도 한다.

봄이의 경우 '자율급식'으로 해결할 수 있었지만, 자칫 비만을 초래할 수 있고 배변 시간이 불규칙해지는 단점과 반려동물에게 발생할 수 있는 병증으로 반려동물의 식욕이 떨어질 때 건강 상태를 파악하기 어렵다는 문제점도 있을 수 있다. 반려동물에 대한 관심을 가지고 주기적으로 건강 상태를 확인하는 것이 좋다.

둘, 분리불안증

봄이는 가족들과 떨어질 때, 현관문까지 따라 나와서는 그대로 앉아 기다리곤 했다. 그렇게 얌전한 봄이가 어떤 때는 쓰레기봉투를 뒤져서 혼도 냈지만, 이 모든 것이 '분리불안증'으로 인한 증상이었다는 것을 봄이가 무지개다리를 건넌 뒤에 알았다.

반려견이 집에 혼자 있을 때 현관문을 바라보며 하울링을 한다거나, 문을 발로 긁는 행동을 하거나 봄이와 같이 쓰레기봉투를 뒤적이는 행동 등이 분리불안증이라고 한다.

전문가들은 분리불안증이 반려견이 가족의 부재를 이해하지 못해 일어나는 개과 동물의 '무리 근성'에 의한 표현이라고 한다. 반려견이 가족과 자신을 하나의 무리, 즉 하나의 공동체로 생각하는 상태에서 혼자 남게 되면서 심리적인 불안을 일으킬 수밖에 없다고 한다. 반려견을 계속 어린아이처럼 여기지 말고 성인처럼 여기고 증상 초기에 교육을 시작하면 쉽게 고칠 수도 있다고 하지만, 전문가들조차 교육하기 가장 까다로운 증상 중 하나라고 한다.

셋, IMHA, 면역 매개성 용혈설 빈혈

봄이가 이상한 증상을 보여 동물병원을 찾았을 때, 심장병, 신장병, 암, 치매는 물론 갑상샘 항진증과 저하증까지 반려견들도 사람들과 같은 병들을 앓을 수 있다는 것을 보고 놀랐다.

봄이에게 심각하게 찾아왔던 'IMHA'는 자신의 적혈구를 적으로 오인하여 스스로 파괴하는 면역질환이다. '혈액 도말검사'에서 구형적혈구가 확인되고 적혈구의 응집반응을 보이는 것이 IMHA의 특징이다. 수혈과 면역억제제로 치료한다.

봄이의 경우 배변 패드에서 고춧가루 같은 피 오줌을 관찰할 수 있었다. 잦은 구토, 검정색 설사, 식욕 부진, 호흡 곤란, 혈뇨 증상 외에도 갑자기 잠을 많이 자는 증상이 있었다.

넷, IMT, 면역 매개성 혈소판감소증

'IMT'는 자신의 혈소판을 항원으로 인식해 파괴하여 혈소판이 점차 감소하는 질환이다. '혈소판'은 출혈이 생겼을 때 1차적으로 혈액응고를 형성하는 역할을 하는데 혈소판 부족으로 출혈이 발생하는 경우 응고가 되지 않으면서 피부에 붉은 반점이 발생하는 것이 대표적인 증상이다. 피부에 붉은 좁쌀만 한 것들이 생길 때 단순히 피부병으로 인식하고 안일하게 생각할 수 있는 증상이다.

다섯, 에반스증후군

'에반스증후군'은 IMHA, 면역 매개성 용형설 빈혈과 IMT 면역 매개성 혈소판감소증이 함께하는 질병이다. 외부로부터 들어오는 병원균을 막아야 하는 면역체계가 자신의 적혈구, 백혈구, 혈소판과 같은 혈액세포를 공격하게 되면서 치사율과 재발율이 높고 합병증의 위험도가 높은 병증이지만, 왜 발병하는지에 대한 정확한 원인은 없다고 한다.

'에반스증후군'과 비슷한 증상을 보이는 병증으로 '바베시아'가 있다. '바베시아'는 산책할 때 진드기에 물리는 경우 진드기의 흡혈로 적혈구가 감염되는 것이 원인이다.

마치면서, '봄'이에게

봄아!

무지개다리 너머 멋진 세상에서 잘 지내고 있니? 그곳에서는 네 발로 잘 뛰어 다니고 있을 거라 생각하니 엄마 마음이 많이 놓인다. 엄마가 많이 부족해서 우리 봄이를 살리지 못했네? 하나님이 정하신 때에 네가 하늘나라에 갔을 거로 생각은 하지만, 미안하고 또 미안한 마음은 어쩔 수가 없네….

그저께 '봄'이 때문에 언니랑 티격태격 한바탕했어. 언니가 향을 피우는 예쁜 받침대를 사 와서 너의 분골 항아리 앞에서 향을 피우고 있었거든. 온 집안에 향내가 진동했어. 엄마는 보자마자 화를 냈지. 냄새도 싫었지만, 네 분골함 앞에서 타는 향을 보는 순간 가슴이 미어져서 더 화를 낸 것 같아. 엄마가 언니한테 또 잘못한 거지?

언니가 널 많이 그리워한다. 잘 안 우는 언닌데, 방을 온통 봄이네 사진으로 장식해 놓고 너와 함께 찍은 동영상을 보면서 몰래 눈물을 흘리는 언니를 가끔씩 보게 돼!. 언니뿐만 아니라 오빠도 마찬가지야. 네가 잠자던 마약 방석을 볼 때마다 엄마가 자꾸 눈물이 나서 이제 좀 버리자고 했더니 오빠가 눈이 벌게져서 아무 말도 못하고 고개를 숙였어. 아직도 오빠랑 언니는 네가 잠자던 방석에서 살아있는 너의 냄새를 맡으며 널 보고 싶어 한다.

　얼마 전에 조금 더 넓은 집으로 이사했어. 이사하는 날 언니는 제일 먼저 너의 분골함과 스톤을 챙겨 가슴에 안았지. 새로 이사한 집은 아파트 1층인데 베란다 앞에 넓은 풀밭이 있어. 엄마도 집 앞 풀밭을 보니 '봄이와 같이 왔으면 얼마나 좋았을까?' 하는 생각을 했어. 그 풀밭에서 네가 콩콩 뛰어다니며 노는 모습을 상상했거든. 베란다에서 너의 이름을 부르면 봄이 넌, 입꼬리를 활짝 올리고 해맑게 웃으며 나에게 달려왔을 테니까. 그래서 집 앞 풀밭에 너의 분골을 뿌려줄까 하고 오빠한테 물어봤더니, 봄이가 모르는 동네라서 안 된단다. 아무래도 우리 식구들 모두 너를 영원히 놓아주지 못할 것 같아.

　언니는 네가 떠난 후, 네 증명사진을 만들어서 엄마랑 아빠, 오빠 핸드폰에 사진을 끼워 넣어줬어. 덕분에 우리 식구들은 밝게 웃고 있는 너를 매일 보게 됐지. 어쩌면 그래서 더 네가 그리운지도 모르겠다. 봄이 네 털을 만지고 싶고, 봄이 너를 안아보고 싶어서 좀 힘드네?

　벚꽃이 활짝 피는 새봄에 너를 자연으로 보내 주려고 했었는데, 아직도 보내 주지 못하고 있어. 그냥, 오래도록 함께 살아야 할 것 같아.

　매일 매일 네 생각 많이 했어. 특히, 마지막 병원에 입원했을 때 계속 엄마를 기다리며 오고 가는 사람들의 얼굴을 살피던 너의 표정이 지워지지 않아. 얼마나 기다렸을지 엄마가 잘 아니깐…. 그래도 너를 살리기 위해, 너를 치료하기 위해, 어쩔 수 없이 병원에 두고 와야만 했다는 것 이해해 주길 바란다. 그냥 입원시키지 말 걸 그랬나 하고 후회도 하고 있어. 하지만, 지푸라기라도 잡고 싶은 우리의 마음을 봄이 네가 알 꺼라 믿어. 엄만 조금만 더 빨리 병원에 갔으면 살 수 있지 않았을까 라는 미안함이 못 견디게 쓰리고 아프다.

아빠는, 네가 아빠 귀국할 때까지 기다려 준 것 같다고 많이 고마워하고 있어.

진짜 그런 거야? 감동했어!

네가 정말 그랬다는 걸, 병원에 가서 알게 됐지. 너의 혈액 재생 능력 수치가 80이 정상 수치인데, 596이라는 숫자가 나올 만큼 온 힘을 다해 병과 싸우고 있었던 거잖아. 엄마는 그 596이라는 숫자! 절대 잊지 않을 거야. 그 숫자는 우리 가족에 대한 너의 사랑이니까.

봄이 덕분에 엄마가 많이 변했다. 그렇게 동물들을 싫어하고 무서워하던 엄마가 요즘은 동물들의 표정을 읽을 수 있게 됐어. 지나가는 강아지들의 표정이나 사진 속의 강아지들 표정을 보면 그 아이들의 외로움과 슬픔 그리고 기쁨이 느껴진단다. 지난달에 어떤 강아지 사진을 보면서 그리움이 느껴져서 물어봤더니 유기견이라고 하더라. 너와 함께한 세월 덕분에 동물들도 감정이 있다는 걸 확실히 알았지. 얼마 전, 가족여행으로 낚시하러 갔었는데 낚시바늘에 끼인 물고기의 눈을 보니깐 네 생각이 나서 더 이상 낚시를 못하겠더라. 이러면 안 되는데 큰일이다. 그지? 그래도 지금은 예전에 비해 마음이 많이 단단해졌어. 네가 섭섭할 만큼….

다섯, 널 잃은 슬픔보다 널 만난 기쁨이 크기에

그렇게 흐르던 눈물도 이젠 좀 멈춘 것 같아. 앞으로 우린 더 단단해질 거야. 울지 않으려고 노력하며,

널 잃은 슬픔보다,

널 만난 기쁨이 더 크기에,

그 기쁨만 생각하고 지내려고 해.

우리 예쁜 아기, 우리 봄이 덕분에 참사랑을 배웠다. 사랑받는 법, 사랑하는 법도 배웠어. 그리고 부모님보다 자식이 일찍 죽으면 안 된다는 것도 알았어. 자식 먼저 보내고 장례식 치르는 어미 마음을 알았기 때문이야.

삶의 깨달음을 주고 간 나의 사랑, 내 강아지, '봄'!!!

너의 이야기를 세상 사람들에게 안겨 주려고 해! 반려동물을 키우는 사람들, 아픈 동물을 돌보는 사람들과 공감하며 위로하고 싶어. IMHA라는 몹쓸 병과 에반스신드롬 이라는 희귀병을 이제 사람들이 많이 알게 되겠지? 새로 반려, 동물을 키우고 싶은 사람이 있다면 엄마처럼 실수하며, 함부로 키우지 말고 정성을 다해 키우라고 말하고 싶어. 또 동물들도 감정이 있다는 것을 꼭 말하고 싶어. 기쁠 땐 잘 웃고, 슬플 땐 눈물도 흘리는데 많은 사람이 아직도 믿지를 않네?

무엇보다 동물을 싫어하던 엄마가 이렇게 변해서 행복을 전하는 강사가 되었잖아! 외로운 사람이 있다면, 우울한 사람이 있다면,

또 다른 봄이를 키워보라고 말하고 싶어. 그리고 봄이 너의 이야기가 새로운 세상에서 많은 사람들한테 사랑받는 큰 기쁨이 되길 바란다.

고맙다. 봄아!

너는 내 삶의 기쁨을 알려준 나의 또 다른 스승이다. 영원히 잊지 못할 거야. 천국에서 또 만나자.

안녕!

사랑하는 '봄'이를 보낸 뒤, 어느날

엄마가

다섯, 널 잃은 슬픔보다 널 만난 기쁨이 크기에